입헌정체략立憲政體略 · 진정대의眞政大意

입헌정체략立憲政體略 · 진정대의眞政大意

1판 1쇄 인쇄 2017년 3월 24일
1판 1쇄 발행 2017년 3월 30일

—

저 자 | 가토 히로유키加藤弘之
역 자 | 김도형
발행인 | 이방원

—

발행처 | 세창출판사
신고번호 · 제300-1990-63호 | 주소 · 서울 서대문구 경기대로 88 냉천빌딩 4층
전화 · (02) 723-8660 | 팩스 · (02) 720-4579
http://www.sechangpub.co.kr | e-mail: edit@sechangpub.co.kr

—

ISBN 978-89-8411-672-6 93340

—

· 이 책은 한국연구재단의 지원으로 세창출판사가 출판, 유통합니다.
· 잘못된 책은 구입하신 서점에서 바꾸어 드립니다.
· 책값은 뒤표지에 있습니다.

—

이 도서의 국립중앙도서관 출판시도서목록(CIP)은 e-CIP홈페이지(http://www.nl.go.kr/ecip)와 국가자료공동목록시스템(http://www.nl.go.kr/kolisnet)에서 이용하실 수 있습니다.(CIP제어번호: CIP2017006457)

—

이 번역서는 2014년 정부(교육부)의 재원으로 한국연구재단의 지원을 받아 수행된 연구임.
(NRF-2014S1A5A7036421)

입헌정체략立憲政體略
진정대의眞政大意

An Annotated Translation of
“Rikkenseitairyaku · Shinseitaii”

가토 히로유키加藤弘之 저
김도형 역

세창出판사

| 차 례 |

진정대의眞政大意

[일러두기]

1. 번역의 저본으로는 일본 국립국회도서관 디지털컬렉션(国立国会図書館デジタルコレクション)에 수록되어 있는 판본을 사용하였다.
   입헌정체략(立憲政体略, 谷山樓, 1868년 上梓, http://dl.ndl.go.jp/info:ndljp/pid/994358)
   진정대의 상(真政大意 上, 谷山樓, 1870년 藏梓, http://dl.ndl.go.jp/info:ndljp/pid/993217)
   진정대의 하(真政大意 下, 谷山樓, 1870년 藏梓, http://dl.ndl.go.jp/info:ndljp/pid/993218)
2. 상기 저본 이외에도 吉野作造 編,《明治文化全集 第二卷 自由民權篇》, 日本評論社, 1927年 및 植手通有 編,《日本の名著34 西周/加藤弘之》, 中央公論社, 1972年에 수록되어 있는 판본들을 참고하였다.
3. 이름만 나오는 인명, 사건 등에 대해서는 각주로 설명을 달아 이해를 도왔다.
4. 일본어 발음의 한글 표기는 국립국어원의 한글맞춤법에 따른 외래어 표기법에 따랐다.
5. 한자어는 기본적으로 한글발음에 한자어를 병기하는 방식으로 표기하였다.
6. 사람의 이름이나 지명과 같은 특정 고유명사는 일본어발음대로 표기하고 한자를 병기하는 방식으로 표기하였다.
   예) 가토 히로유키(加藤弘之), 이자나기노미코토(伊邪那岐命), 미즈호노쿠니(水穗国)
7. 관직명, 관청명, 서명 등은 되도록 한글 발음으로 표기하는 것을 원칙으로 하였다.
   예) 대학대승大學大丞 ,집의원集議院, 입헌정체략立憲政体略
8. 날짜표기의 경우 서발문은 연호 뒤에 서력을 병기하고, 해제 및 본문에서는 서력 뒤에 연호를 병기하여 표기하는 것을 원칙으로 하였다.
   예) 경응慶應 4(1868)년, 1868(明治 元)년

【 해제 】

『입헌정체략立憲政體略』과 『진정대의眞政大意』를 읽다

— 그 동아시아적 맥락으로부터 —

I. 일본의 양학洋學과 가토 히로유키加藤弘之

에도막부 말기에서 메이지 초기에 이르는 시기, 일본은 정치뿐만 아니라 지식, 사회, 문화적으로도 빠른 변화를 겪고 있었다. 애초에 다수의 번藩들 가운데 하나였던 도쿠가와(德川) 막부가 서구열강의 동아시아 진출이라는 대외적 위기를 맞이하여 우왕좌왕하는 사이, 그 틈을 놓치지 않고 전국 각지에 강한 세력을 지녔던 거대 번(雄藩)들이 천황을 앞세운 존왕양이尊王攘夷의 구호 아래 결집하면서 250여 년간에 걸친 도쿠가와 막부의 치세는 막바지로 치닫게 되었다. 위의 '양이攘夷'라는 표현에서도 드러나듯이, 이 시기 서양의 학문과 지식은 배척의 대상이자 일종의 금기禁忌였지만, 사실 그것은 하나의 정치적 슬로건이었을 뿐 그 이면에서는 서양의 선진적인 군사기술 및 제도, 최신의 장비와 운용방법을 알고자 하는 욕구가 분출하고 있었다 해도 과언은 아닐 것이다.

사실 일본은 에도시대부터 데지마(出島)[01]를 설치하여 네덜란드와 교류하고 있었고, 거기에서 흘러나온 서양의 각종 기술, 도구, 서책을 비롯한 각종 지식들은 당시를 살아가던 일본의 지식인들에게 많은 영향을 끼치기도 하였다. 가령 18세기 중엽에 이르면 이미 스기타 겐파쿠(杉田玄白, 1733-1817)[02] 등에 의해 서양의 해부서가 번역되면서 새로운 의학지식의 장이 열리게 되었다. 사실 네덜란드어에 대한 지식조차 없는 상태에서 의학서를 번역하는 도전을 감행했던 스기타 겐파쿠의 사례가 대단히 특이한 것이기는 하지만, 이 외에도 이 시기 일본에는 네덜란드의 어학이나 지리서, 군사학 관련 지식들에 대한 욕구가 적지 않게, 암암리에 분출하고 있었다. 흔히 난학蘭學이라 일컬어지는 이런 지식들이 공공연히 유행하지 못했던 이유는, 역시 서양세계에 대한 공포와 위기의식, 전통지식과 세계관으로부터의 항의와 때로는 탄압[03]이 있었기 때문이다.

01 1634년 에도 막부가 실시했던 쇄국정책의 일환으로 나가사키(長崎)에 건설된 인공섬. 서양국가들 가운데 유일하게 교류하던 네덜란드의 상관(商館)을 설치하고 막부가 독점적으로 그 교역을 운영·관리하였다. 이곳에 근무하던 사람들을 통해 서양의 의학, 기술, 지리, 병학 등에 대한 지식들이 은밀하게 전파되기도 하였다.

02 에도시대의 의사. 최초 한방의(漢方醫)였으나 네덜란드 의학(和蘭醫學)에 관심을 가지고 연구하여 네덜란드어로 된 해부학의학서인 『타펠 아나토미아(Ontleedkundige Tafelen)』를 『해체신서(解體新書)』라는 이름으로 번역해 냈다. 실질적인 난학(蘭學)의 개척자라 할 수 있다.

03 1839년, 만사의 옥(蛮社の獄)이라는 언론탄압사건이 일어났다. 난학자였던 와타나베 가잔(渡辺崋山), 다카노 초에이(高野長英) 등이 막부의 쇄국정책 등을 비판하였다고

그러나 19세기 중반 이후, 막부가 바깥으로부터의 상황변화에 기민하게 대처하지 못하는 모습을 보이게 되면서, 이제 대외위기론은 막부 자체의 존립을 뒤흔드는 정치적 혼란상황을 초래하게 되었다. 이런 상황에서 막부는 서양에 대한 정보를 수집(혹은 독점)하기 위해서 번서조소蕃書調所[04]라는 연구교육기관을 설치하였고, 여기에는 애초에 난학학습의 경험이 있는 인물들이 중심적으로 배치되었다. 이곳에서 영국, 독일, 프랑스, 미국 등을 비롯한 서양 각국의 서적을 수집하고 번역하는 것을 주 업무로 하던 양학자洋學者들은 메이지 유신 이후의 서양열풍, 양학유행의 중심에 서게 된다. 특히 이 양학은 대부분 서양의 근대국가를 구성하는 지식들을 중심으로 연구되었는데, 그 대부분은 법학, 철학, 문학, 사학, 심리학 등 인문사회과학에 대한 것들이었다.

가토 히로유키(1836-1916)는 바로 이 번서조소 출신의, 그중에서도 독일의 국가학(Staatslehre)을 연구하던 양학자였다. 당시로서는 가장 첨단의 서양학문을 연구하여 초대 도쿄대학(東京大學) 총장을 역임하였고, 유럽의 대학 및 교육제도를 모방하여 일본의 근대적인 학제형성 및 확립에 지대한 영향을 끼친 인물이기도 했다. 동시에 입헌정체

하여 투옥된 사건으로, 그 발단은 미국상인이 일본과의 통상을 요구하다가 실패한 모리슨호 사건(1837)에 대해 와타나베 등이 비판적인 의견을 개진한 것이었다. 그러나 당시의 전통교학이던 주자학과의 갈등이 이 사건의 배경에 있다고 지적되기도 한다.

04 1856년에 에도 막부가 서양의 정보를 수집·연구하기 위해 막부 직할로 설치한 서양학문 연구교육기관으로 이후 개성소(開成所)로 개칭되었다. 현재 도쿄대학의 기원이 되는 기관들 중 하나이다.

론 및 의회론과 같은 선진적인 서양의 정치제도 도입을 이미 에도막부 말기에서부터 주장하였고, 이와 관련한 다수의 정치학 및 국가학 관련 저술들을 남겼다. 특히 초기에는 서양의 소위 천부인권설天賦人權說에 입각하여 자기의 주장들을 전개하였던 것으로 유명한데, 여기에서 소개하는 『입헌정체략立憲政體略』과 『진정대의眞政大意』는 이러한 그의 초기 정치사상론을 대표하는 저작들이다. 이후 발표한 『국체신론國體新論』(1874)과 위 두 저작을 포함하여 흔히 그의 '초기 삼부작'이라고 일컫곤 하는데, 이 삼부작은 일본의 초기 입헌정치와 천부인권설, 의회정치 발달사를 논하는 데 있어 빠지지 않고 등장하는 문제작들이기도 하다. 특히 일본이 이후 독일을 모델로 한 근대국가형성에 몰두하게 되면서, 독일의 국가학을 참고하면서 저술된 위 저작들이 갖는 의미는 더욱 각별한 것이 되었다. 그런 만큼 위 저작들은 근대 일본의 '서양지식수용사', 특히 일본이 서양지식을 가장 선도적으로 수용하여 동아시아 여타 국가들에 비해 빠른 근대국가로의 이행을 이룰 수 있었다는 '서양적 근대화의 신화'를 설명하는 데 반드시 거론되는 텍스트들 중 하나로 자리매김하게 되었다.

그런데 이후 가토가 진화론進化論을 수용하면서 이 삼부작을 '망상으로부터 나온 것으로 후대에 해로운 영향을 미칠 것을 염려'하여 절판絶版할 것을 공식적으로 표명하였던 사건은, 일본의 근대역사에서는 매우 유명한 일화로 남아 있다. 흔히 '가토 히로유키의 전향轉向'이라 알려져 있는 이 사건으로 인해 정치적으로 진보적인 견해를 표출하던 교육자, 사상가가 일정 정도 지위에 오르면서 자신의 과거 입장을 부정하고 보수적인 견해로 돌아섰다고 하여 많은 비판과 비난을 받게 되었고, 가토 자신도 이러한 비판의 목소리가 있다는 점을 충분히 의식하고 있었다. 그러나 가토는 자서전 등에서 끝까지 자기 행위가 부끄럽거나 자기 양심에 반하는 일이 아니었음을 강변하였는데, 이런 태도에 대해 후세의 역사가들은 그에게 그다지 호의적인 기록을 남기고 있지는 않다. 특히 가토는 진화론의 초기 수용자로 일본에 진화론에 입각한 세계관이 유행하는 데 산파역할을 했으며, 이후 자신의 정치론 및 국가론도 모두 진화론에 입각하여 전개하게 되면서 후기에는 주로 보수주의, 국가주의적인 입장에서 학설을 전개한 것으로도 널리 알려져 있는데, 실제 진화론적 세계관, 국가관이 20세기 이후 일본의 역사(나아가 세계사적으로도)에서 끼친 영향을 감안해 본다면 후세의 호의적이지 않은 평가에도 나름 일리가 있다고 말할 수 있을 듯하다.

이처럼 서양사상 수용사의 영광과 오욕을 압축적으로 모두 구현하고 있는 듯이 보이는 가토이지만, 동시에 그는 다지마(但馬)라는 지역의 센고쿠(仙石)라는 작은 번의 병학사범兵學師範 후계자로, 어려서 번교藩校[05]에서 유학을 기초교양으로 배우고, 사쿠마 쇼잔(佐久間象山)이라는 유명한 주자학자에게 수학하는 등, 전통적 교양을 그 지적 배경으로 지닌 인물이기도 했다. 그는 유럽의 근대적 학제를 모방한 도쿄대학에 한문학, 국학 등을 연구하는 학과설치를 주도했고, 서양의 학

05 에도시대, 일본의 각 번들이 번 무사의 자식들을 교육하기 위해 설립한 교육기관을 말한다. 교육내용은 무예, 난학 등이 있었으나, 대부분 사서오경, 한문 등의 한학교육은 공통적으로 행해졌다.

회를 모방한 근대적 학회들이 생겨날 때 동양학예학회東洋學藝學會라는, 동양학을 연구하는 것을 목적으로 하는 학회의 설립에 앞장섰다. 가토는 유럽의 최신이론을 소개하고 서양의 합리목적론적 세계관의 강한 영향을 받았으며 근대적 유물론의 굳건한 신봉자이기는 했지만, 동시에 천天의 관념과 시세時勢라는 일견 비합리적(?)인 세계관의 영향에서 마지막까지 자유롭지 못한 인물이기도 했다. 그렇다면 가토의 저 이해하기 어려운 '전향'이라는 사건을, 어떤 신념에 대한 자기배신행위라기보다는 두 세계관의 충돌로부터 오는 갈등과 동거, 혹은 모순상태(?)라는 시점으로부터 살펴볼 수는 없는 것일까. 이미 우리에게 '주어진 근대'를 너무나 당연하게 체화해 버린 나머지, 여전히 내부에 남아 있는 원리들의 모순과 충돌은 외면하면서 근대적 인간을 자처하며 살아온 우리가, 두 세계의 만남과 공존, 그리고 갈등과 동거를 이해하지 못하게 되었던 것은 아닌지 돌아보는 일은 불가능할까.

일본사의 문제적 인물인 가토 히로유키가 서양의 제도를 설명하고 있는 이 저작물을 번역하고 이해하는 일은 바로 여기에서 그 가치를 갖는다. 앞에서 언급한 것처럼, 일본은 일찍부터 서양의 지식과 제도, 기술을 접하면서 그것을 받아들이고, 이해하며, 때로는 갈등하고 비판하는 경험을 쌓을 수 있었다. 당시 서양에서 유행하는 '최신의 지식'이던 입헌정체론, 상하분권론은 당연히 일본에 가장 빠르게 들어왔고, 그것을 시대의 격변 속에서 자신들의 것으로 만들고자 치열한 논쟁의 과정을 거치게 되었다. 여기에서 번역소개하는 가토의 이 소책자는 바로 그러한 과정을 가장 생생하게 보여 주는 결과물이다. 이 책은 서양의 그것을 마냥 받아들인 것이 아닌, 당시 일본의 상황에 맞게 이해되고 고안된 것인 동시에, 동아시아 지역 공통의 언어였던 한자와 유교의 압도적 영향 아래에서 이해되고 만들어진 것이다. 이것이 한자와 유교의 세계관을 채용하여 기술되었던 만큼, 이것은 일본에서만 이해 가능한 것이 아닌 동아시아 지역에서 이해 가능한 저작물로의 확장성을 확보할 수 있었다. 이 책에서 말하는 서양의 입헌정체와 상하분권에 대한 지식들은 이제는 너무나 상식적인 것임과 동시에 낡아 버린 그런 것이 되었지만, 여기에서 여전히 새롭게 확인해 볼 수 있는 것은 서양의 지식을 동아시아의 그것으로 이해하고 분석하는 사고행위 그 자체일 것이다. 가토가 입헌정체와 '정치'라는 행위를 이해하는 방식은 일본적이자 독일적이며 동시에 동아시아적인 어떤 맥락에 닿아 있는 것이다. 심지어는, 동아시아적 맥락은 가장 근본적인 어떤 것으로서 텍스트 전체를 통해서 끊임없이 작동하고 있다. '만민을 위한 천하'라는 이상과 '안민安民'이라는 실천적 정치론이 사실 전체 텍스트의 바탕에 깔려 있고, 그 바탕 위에서 칸트가, 루소가, 그리고 블룬칠리가 수용되고 이해된다.

이러한 양상은 사실 동아시아 전체에서 일어났던 현상이지만, 일본의 그것이 가장 빨랐으며 그런 만큼 광범위하게 유행하게 되었다는 점,[06] 그런 지식을 중국이나 한국은 '해방' '독립'이라는 시대적 규정

06 가토의 입헌정체론이나 진화론 등은 동아시아의 지식인들에게 많은 영향을 주었다. 가령 가토의 진화론적 정치관을 담은 『人權新說』(1882)과 『强者の權利の競爭』(1893) 등은 1908년 한국에서 『人權新說』과 『强者의 權利競爭論』이라는 제목으로 번역출판되기도 하였으며, 당시 많은 계몽지식인들에게 영향을 주었던 중국의 량치차오

속에서 그것을 받아들였다는 점, 그 안에서 수많은 공통점과 차이점이 함께 존재한다는 사실 등을 감안한다면, 일본의 어느 한 지식인의 입헌정체론, 올바른 정치에 대한 고민은 의외로 우리에게 많은 영감을 부여해 줄 수 있는 함의들을 담고 있다고 말해도 무리는 아닐 것이다. 이하, 이런 점을 염두에 두면서, 『입헌정체략』과 『진정대의』를 '동아시아적 맥락' 안에서 개관해 보고자 한다.

II. 『입헌정체략』과 인의仁義를 위한 정체政體

『입헌정체략』과 『진정대의』는 가토가 천부인권론적 입헌정체사상에 입각하여 저술한 초기의 대표적 저작들로, 막부의 시대에서 조정(=천황)의 시대로 넘어가는 과도기의 한가운데에서 쓰인 것들이다. 특히 『입헌정체략』은 1868년에 출판된 것으로, 이해가 바로 에도막부 마지막 연호의 해(慶應 4)이자 메이지(明治)시대의 첫 해(明治 1)이기도 했다. 그 내용은 서양의 정체政體들 가운데 입헌정체와 상하분권론이 지닌 장점을 개관하고 그 제도들을 채택할 것을 주장하는 것으로 되어 있는 만큼 서양의 우수성을 통해 당시 일본의 문제점을 재고하고 보완하고자 하는 의도에서 쓰인 것임에 분명하다. 다만 그렇다고 해서 이것이 오직 서양의 우수성만을 염두에 두고서 쓰인 책인가 하면,

(梁啓超) 역시 직간접적으로 가토의 영향을 강하게 받았다는 것은 이미 많은 연구들에서 밝혀져 있는 바이다.

그것이 또 반드시 그렇지만은 않은 듯하다. 도리어 이 책의 내용와 그 저술의 의도를 분명히 살펴보려면 가토의 전작 『도나리구사(隣草)』(1860)로부터 이어지는 관련성 및 연속성에 주목해 볼 필요가 있을 것이다.

가토는 일찍이 자신의 처녀작 『도나리구사』에서 백성들 간의 인화人和를 이루어 무비武備의 정신을 채우고, 이로써 청조淸朝[07]의 안녕을 도모하기 위해서 서구의 입헌정체立憲政體 및 상하분권上下分權 제도를 도입할 것을 주장한 바 있다. 이 두 제도는 입법立法의 제정과 공회公會의 설치를 통한 군주권력의 제한을 가능케 하는 것으로, 이러한 서구제도 도입론의 바탕에는 '안민'을 위한 올바른 정치, 즉 인의仁義의 정치를 바라는 가토의 소망이 담겨 있으며, 그것이 상하분권을 통해서건 만민동권萬民同權을 통해서건 궁극적으로는 소위 '공명정대'한 '천심天心'에 부합하는 정치의 실현을 목표로 하는 유교적 형이상학 내지 이상주의가 작동하고 있다는 점이 가토 초기사상의 특징이라고 말할 수 있을 것이다.[08] 특히 에도막부 말기부터 메이지 유신 초기까지 가토의 저술들은 흔히 서구의 천부인권론(天賦人權論)의 영향하에서 기술된 것으로 알려져 있지만, 위와 같은 유교적 형이상학과 이상주의는 가토가 서구의 제도론 및 사상을 본격적으로 연구한 이후로

07 가토는 이 저작에서 정치적으로 민감할 수 있는 입헌정체론에 대해서, 청나라에 빗대어 설명하는 방식으로 주장하였다. 구체적으로는 가토 히로유키 저술/김도형 번역, 『도나리구사』, 도서출판 문사철(2014)을 참조.

08 이에 관해서는 상기 번역서의 67면 이후에 실려 있는 연구논문 「도나리구사(鄰草)— 메이지 양학수용과 전통사상의 관련을 중심으로」를 참조.

도 계속해서 큰 영향을 끼치고 있으며 이런 태도가 이후 적어도 가토 사상의 전반기[09] 저작들까지는 매우 선명하게 일관되고 있다.

가령 『입헌정체략立憲政體略』(1868)을 저술하기 1년 전, 가토는 블록(M. Block)의 저서 *Die Machtstellung der europaischen Staten, Gotha*(1862)의 초역인 『서양각국성쇠강약일람표西洋各國盛衰强弱一覽表』를 출간했다. 이 책의 머리말에서 가토는 5대륙 가운데 가장 작은 대륙인 유럽이 "부강함에서 홀로 세상의 으뜸"인데, 그 이유를 "천문지리격물의 학문들로부터 병법항해의 제술에 이르기까지"의 학문기술이나, "화륜차선, 풍구, 전기 등의 기계에서 서구의 부강함의 원인을 찾는 것"[10]은, 아직 그 진정한 이유를 알지 못하는 것으로, 기본적인 것은 "유럽 각국민 상하가 부자와 같이 능히 서로 친목하는 데"(=인화)에 있으며, 궁극적인 원인은 "유럽 각국의 인문이 모두 열려 올바른 정체를 세우고 좋은 제도를 설치한 데에서 기인한다"[11]고 말한 바 있다. 또한 가토는 『도나리구사』의 말미에 "다만 지금 논한 것만으로는

09 가토의 사상적 이력을 살펴볼 때, 그의 사상을 전/후반기로 나누는 것이 논리적으로 타당한지에 대해서는 보다 면밀한 논의가 필요할 것이다. 다만 적어도 표면적으로 가토 스스로가 '주의의 변화'(加藤弘之, 『經歷談』)라고 회고할 만큼의 선명한 사상적 전환점이 있었던 것 또한 사실이므로, 여기에서는 적어도 가토의 소위 '절판신청'(1881년, 가토가 자신의 저술 『진정대의』, 『국체신론』에 대해 사상적 오류를 이유로 절판해 줄 것을 內務卿에게 요청한 사건)을 하나의 경계로 삼아 그의 사상적 이력을 전/후반기로 구분해 사용하고자 한다.

10 ブロック(Block) 著, 加藤弘蔵 述, 『西洋各国盛衰強弱一覧表』, 谷山僂, 慶応丁卯孟秋, 1면(近代デジタルライブラリー『西洋各国盛衰強弱一覧表』. http://kindai.ndl.go.jp/info:ndljp/pid/805793).

11 同上.

상하분권이 군주악권君主握權보다 뛰어난 연유를 충분히 밝히지 못한 듯합니다. 언젠가 다시 기회가 된다면, 그 정체가 공명정대한 연유에 대해서 상세히 논해 보고자 합니다."[12]라며 자신의 논의를 심화시킬 것을 기약하였는데, 그 결과물로 나온 것이 『입헌정체략』이라고 말할 수 있다.

『입헌정체략』은 정체총론政體總論, 상하동치上下同治, 만민공치萬民共治, 국민공사이권國民公私二權의 네 장으로 이루어져 있다. 그는 우선 다섯 정체를 소개하고, 그중에서 입헌정체인 상하동치와 만민공치를 공명정대하며 확고불변한 국헌國憲을 세우고 진정한 치안을 추구하는 것이라 하여 그 내용을 개관한다. 특히 삼권분립제도와 사법권의 독립과 공사의 두 권리에 대해 설명하면서 헌법정치를 채용해야 한다고 주장한다. 말할 것도 없이 입헌정체의 채용은 막부와 마찬가지로 메이지 정부의 방침이기도 했고, 그 필요성에 대해서는 가토뿐만 아니라 관료 측이나 민간 측 모두가 어느 정도 공감하는 통설적 입장이기도 하였다.

좀 더 구체적으로 살펴보면, 특히 『입헌정체략』에서는 기존 『도나리구사』에서의 상하분권/군주악권의 정체구분에 더하여 군주천제君主擅制라는 정체를 새롭게 추가하고 있다는 점이 주목[13]되는데, 가토는

12 가토 히로유키 지음/김도형 옮김, 『도나리구사』, 문사철(2014), 66면.

13 『立憲政體略』보다 2년 전에 나온 후쿠자와 유키치의 『西洋事情』에서도 군주제는 立君獨裁와 立君定律의 두 정체로 분류되어 있고, 이 시대에 정체를 세 가지로 구별한 논의는 쓰다 마미치(津田真道)의 『泰西國法論』(1868)이 최초일 것으로 추정된다. 쓰다는 가토와 함께 번서조소에서 오랜 기간 함께 근무했던 동료였고, 그가 네덜란드

'군주천제'를 "군주가 천하를 사유하며 백성을 제멋대로 제어하여, 생사여탈의 권리가 오직 그 마음대로 맡겨지는 것"[14]이라고 규정하고 있다. 이것은 『도나리구사』에서 이미 부정적으로 파악했던 정체인 '군주악권'이 그래도 "다만 습속이 저절로 법률이 되어 약간 군권을 제한하는 바가 있"는 데 비해, 이 '군주천제'에서는 국가가 완전히 군주의 사유私有에 해당하는 것이 된다.[15] 이런 인식은 귀현전치貴顯專治에 대해서도 이어져 '나라 안의 귀척貴戚·현족顯族 몇 명이 대대로 정권을 장악하는 것을 말한다. 즉 귀현貴顯이 천하를 사유하는 것'[16]이라고 하여, "이 다섯 정체 중에서 군주천제, 군주전치, 귀현전치 등과 같은 것은 모두 아직 개화문명으로 향하지 않은 나라의 정체"[17]라고 평가한다. 즉 이 정체들은 군주의 '사유'라는 점에서 '만민의 천하(天下爲公)'라는 이념과 정면으로 배치되는 종류의 것으로, 가토는 여기에서 제도론의 장점을 강조하는 데에만 그치지 않고, 가장 배격해 마땅한 정체를 의식적으로 강조하고 있음을 엿볼 수 있다.[18]

에서 귀국한 것이 1865년이었음을 감안하면 이 3정체 분류설은 쓰다의 영향을 받아들인 것일 가능성이 높다고 말할 수 있지 않을까 생각한다.

14 加藤弘之, 『立憲政體略』, 谷山樓(1868), 2면. 이하 『立憲政體略』에서의 인용은 이 출판물의 면수에 따른다.

15 참고로 '군주천제'는 Despotize의 번역어이며, '군주전치'는 서양의 절대주의국가(Absolute State)를 지칭하는 것이다.

16 加藤弘之 『立憲政體略』, 2면.

17 加藤弘之 『立憲政體略』, 4면.

18 이 책이 출판된 것은 1868(明治 元)년 10월의 일로, 이때는 이미 대정봉환과 왕정복고 선언, 5개조의 어서문(五箇条の御誓文) 발포 등 천황정부체제가 본격적으로 출범되고 있었다. 앞에서 이 책은 전작 『도나리구사』의 문제의식을 심화시킨 것임을 지적하였는데 문제는 이 책의 출판환경이 끼친 영향을 간과해서는 안 될 듯하다. 幕臣으로 오

또한 여기에서는 이전 『도나리구사』에서는 보이지 않았던 “개화문명開化文明으로 향한다”는 개념이 등장하고 있는데, 이것은 역시 서양서에 대한 접촉이 늘어나면서 새롭게 받아들인 관념이라고 보아야 할 것이다.[19] 그러나 동시에, 가토의 ‘개화문명’에 대한 개념이 『도나리구사』에서 말한 공명정대한 정치의 실현과정에 다름 아니라는 점을 주목할 필요가 있다. 가토의 관점에서 ‘개화’는 군주나 귀족의 사사私私로운 정치로부터 벗어나는 과정이다. 이러한 관점은 서구문명의 개화사에 대한 인식에도 잘 나타난다.

지금으로부터 1, 2백 년 전 무렵부터 명사들과 뛰어난 학자들을 배출하여 이들로 인해 강개(慷慨)함을 품은 자가 적지 않았다. 그중에서도 영국인 밀턴 씨, 로크 씨, 프랑스인 몽테스키외 씨, 루소 씨, 독일인 칸트 씨, 피히테 씨, 그 외 여러 명이 빈번히 왕족과 귀족들이 천하의 백성들을 사사로이 소유하는 것이 그릇된 일임을 변론하고, 혹은 상하동치, 혹은 만

랫동안 근무하였고, 그 안에서 고속승진을 거듭하던 가토의 입장에서 볼 때 새로운 세상(환경)의 출현은 그의 문제의식 내부에 연속성만으로는 해결할 수 없는, 어떤 단절 내지 새로운 문제의식을 태동시키게 되었음이 분명하다. 그것이 이 『입헌정체략』의 단계에서는 아직 두드러지게 드러나지는 않지만, 이후 저작들에서 나타나는 公家, 皇道家, 한학자 등과의 불협화음 등은 이러한 맥락으로부터 이해될 필요가 있다.

19 문명이나 개화 등의 개념은 시기에 이르면 이미 후쿠자와 유키치가 『서양사정(西洋事情)』 외편(外篇)(1867)에서 civilization을 ‘세상의 문명개화(文明開化)라는 표제어로 번역한 이래 잘 알려져 있었다. 이와 관련하여 박양신, 「근대 초기 일본의 문명 개념 수용과 그 세속화」, 『개념과 소통』 vol.2(2008) 및 石井研堂, 「增補改訂明治事物起源」, 明治文化研究會 編, 『明治文化全集 別卷-明治事物起源』, 日本評論社(1944), 55면을 참조.

민공치의 정체를 주장하였는데, 이 공론에 따르는 백성들이 많아서 결국 왕공의 학정을 거부하고 종종 소란이 일어났기 때문에, 왕공의 포악한 위세는 조금씩 쇠퇴하여 결국 종래의 정체가 영존할 수 없는 기세가 되어 각국이 조금씩 그 정체를 바꾸면서 혹은 상하동치, 혹은 만민공화의 정체를 세우고, 이로써 인민과 정치를 함께 하게 되었다.[20]

이 대목만을 보면 흔히 서구의 문명개화에 대한 관념을 받아들임으로써 공명정대한 정치를 구상한 것이라고 생각되기 쉽지만, 적어도 앞에서 살펴본 것처럼 '천하위공' 등과 같은 유교적 이상주의로부터 서구의 정체를 받아들일 준비가 되어 있던 가토의 관점에서 보자면 '공명정대한 정치'라는 일종의 보편적 이상이 서구의 역사 안에서 실현된 것일 뿐이다. 나아가 가토는 다음과 같이 말한다.

우리 황국 또한 2천여 년간 고유한 정체를 가졌으나, 작년에 우리 옛 막부가 시세를 관찰하여 정권을 조정(天朝)에 되돌리신 이래로 만기일신萬機一新하여 공명정대한 정체를 일으키셨다. 진실로 황국중흥의 성업으로, 백성의 행복이 이보다 큰 것이 없다.[21]

사실 이와 같은 메이지 유신에 대한 평가는 의례적인 것이겠으나, 동시에 가토의 희망을 담고 있는 표현이기도 했을 것이었다. 사실 이

20 加藤弘之, 『立憲政體略』, 4-5면.

21 加藤弘之, 『立憲政體略』, 5면.

책이 나온 시점이 1868년이라는 점을 감안한다면, 책의 내용은 가토가 아직 막부의 신하였던 시기에 구상되었을 것이다. 막부의 신하였던 가토의 입장에서 보자면, 막부가 '정권을 천조에 귀납'한 사건은, 그야말로 유교의 '만민의 천하'라는 이상적 관념에 입각하여 공명정대함을 실현한 결단으로 합리화되었을 가능성이 높다. 그렇다면, 이 문장에는 어쩌면 가토의 메이지 정부에 대한 기대가 담겨 있다고도 말할 수 있지 않을까. 즉 막부가 마지막에 보여 준 '공명정대한 정치'의 실현을 메이지 신정부가 이어받아 주기를 기대했다고도 말할 수 있을 것이다.

가토는 이어서 상하동치와 만민공치의 입헌제도와 '삼대권병三大權柄', 즉 삼권분립에 대해 각국의 사례들을 들어 가며 구체적으로 설명하는 데 많은 지면을 할애한다. 실제로 '부강'을 이룬 나라들에서 실시하고 있는 입헌제도의 사례들을 설명함으로써, 작금의 일본이 처한 위기상황을 타개하고 부강을 이룩하는 일은 서구의 제도를 적극적으로 채용하여 공명정대한 정치를 실현함으로써 가능하다는 것을 강변하고자 했던 것으로 생각된다. 그리고 나아가 마지막 부분에서 '국민의 공권과 사권(國民公私二權)'에 대해 덧붙이는데, 이 부분은 이제까지의 주장으로부터 한걸음 더 나아간 내용을 담고 있다고 평가할 만하다. 이전까지의 정체와 거기에 대한 구체적 설명은 어디까지나 정책적 제언이었던 데 비해 이 부분은 그 근거로서 '인민의 권리'에 대한 규정이 시도되고 있다는 점에서 그러하다.

군주천제, 군주전치, 귀현전치와 같은 데에서는 천하의 백성들이 군주,

귀현의 사유복첩私有僕妾이다. 복첩이라면 다만 그 주인의 명령을 받드는 것이 당연한 이치이므로 하나의 권리도 가질 수 없음은 논할 것도 없다. 단 입헌의 양 정체와 같은 데에서는 그렇지 않아서, 천하를 군주, 귀현의 소유물로 삼지 않고, 소위 천하의 천하로 삼는다. 그러므로 그 신민인 자에게는 스스로 권리가 존재한다. 권리에는 두 종류가 있다. 하나를 사권이라고 하고, 다른 하나를 공권이라고 한다. 사권이란 자기 몸에 관계된 것으로, 소위 임의자재의 권리라고 칭하는 것이다. 공권이란 국사에 관여할 권리를 말한다.[22]

이렇게 『입헌정체략』에서는 『도나리구사』에서 제시한 입헌의 양 정체에 대한 실제 사례들로부터 근대국가의 공적 성격, 서양 근대국가에서 실현되고 있는 공명정대한 정치를 지탱하고 있는 기본적 제도인 국헌과 3대 권병에 대한 설명, 나아가서는 모든 인민을 공사 두 권리의 소유자로 파악하는 데에까지 나아가고 있다. 앞에서 살펴본 대로, 이와 같은 서양제도 및 사상에 대한 탐구와 이해는 자신이 본래 가지고 있던 '공명정대한 정치'에 대한 지향과 열정 및 당대의 특수한 역사적 사정(막부의 붕괴와 천황 신정부의 수립)으로부터 규정되고 있음을 확인할 수 있다. 동시에 『도나리구사』의 단계에서 시작된 '정체론', 즉 서양의 우수한 정치제도를 도입하는 것으로 내부의 개혁과 부강을 도모하고 공명정대한 정치를 실현할 수 있다고 하는 인식은, 이 『입헌정체략』의 말미에 이르면 단지 정치제도에 대한 논의에 머물지

22 加藤弘之, 『立憲政體略』, 21-22면.

않고 그 근본이 되는 원리들에 대한 탐구와 그 운용 ―즉 권리/의무론이 기초가 되는 정치·국가이론― 으로까지 나아가게 된다. 이렇게 연속되는 고민은 본격적으로 서양의 정치이론으로부터 '올바른 정치(眞政)'를 모색해 보고자 하는 시도로 이어지게 되었던 것이다.

Ⅲ. 『진정대의』와 안민安民의 치술治術

『입헌정체략』으로부터 다음의 저술인 『진정대의』가 나오기까지는 대략 2년 정도의 시간이 걸렸다. 그사이 가토는 『입헌정체략』까지에서 제시하였던 '제도'의 문제로부터, 본격적으로 그 제도의 운용과 정당성의 단계로 문제의식을 심화시키고 있었다.

『진정대의』에서 가토는 먼저 '치법治法'과 '치술治術'을 구분하고, 이 두 가지는 "국정에서 소위 수레바퀴의 축, 새의 날개와도 같은 것으로 결코 하나라도 빠질 수 없다"[23]고 하면서도, 동시에 "본래 치법을 제정하거나 혹은 새롭게 고치는 것도 즉 치술로, 특히 제1의 급무라고 해야 할 것이다. 그러므로 치법의 좋고 나쁨도 치술의 교묘함과 졸렬함(巧拙)에 관련되는 것으로, 좋은 치법을 제정하는 것이 곧 훌륭한 치술이고, 나쁜 치법을 세우는 것이 즉 졸렬한 치술로서, 국가의 안위와 존망은 오로지 치술의 교졸에 달린 것"[24]이라고 하여, 이 저술의 목적

23 加藤弘之, 『眞政大意』, 谷山樓(1870), 2면. 이하 『眞政大意』에서의 인용은 이 출판물의 면수에 따른다.

은 어디까지나 '치술'에 중점을 두고 있음을 분명히 하고 있다.

그렇다면 여기서 말하는 '치술'이란 무엇인가. '치법(=제도)'은 구체적인 형태를 갖추고 있고, 실제 사례들도 명확하기 때문에 설명하기에 어렵지 않다. 이에 비해 치술은 "설령 입헌의 양 정체를 갖춘 나라들에서도 치법처럼 확실하게 정해져 있는 것이 아니고, 많은 경우는 사안과 시기에 따라서 그 마땅함을 정하는 것"[25]인 만큼, 정확하게 정해진 어떤 규칙이 있지는 않고, 특히 이것은 "오로지 정권을 쥔 자의 지략, 재능에 의하는 것"[26]이라고 설명한다. 즉 치법이 제도, 규칙으로서의 보편성을 지니고 있는 데 반해, 이 치술은 인물, 그 나라의 사정 등에 따라서 보다 특수할 수 있는 것이다. 그러면서도, 역시 고금의 학자들이 연구한 규칙들과 각종 사례들을 통해서 그 대강을 설명하자면, '치술의 정칙'은 '먼저 첫째로 치국治國의 본의本意를 아는 것'이 중요하다.

> 치국의 본의라고 하면, 어려운 듯하지만, 결코 어려운 것은 아니다. 말할 것도 없이, 다만 안민安民 이외에 아무것도 아닌 것으로, … 치술이란 오로지 이 안민을 최대목적으로 하여, 이 목적을 달성하기에 충분한 방법이 아니면 안 되는 것으로, 실로 그대로만 된다면 진정으로 치안을 영위하기에 충분한 것이므로 이와 같은 치술을 곧 올바른 정치(眞政)라고 말할

24 加藤弘之, 『眞政大意』, 3면.
25 加藤弘之, 『眞政大意』, 4면.
26 加藤弘之, 『眞政大意』, 4면.

수 있는 것…[27]

그러면서 비유하기를, 의사가 병을 치료하면서 '병자를 진찰하여 그 병의 성질을 아는 일'이 무엇보다도 중요한 것처럼, '치술을 시행하'면서 '꼭 염두에 두지 않으면 안 되는 요건'은 치술의 대상인 '사람의 천성과 국가정부가 일어난 연유인 천리天理를 아는 일'이다.[28]

이제 제도론으로부터 정치론으로 넘어온 가토는, '사람의 천성과 국가정부가 일어난 연유', 즉 국가의 기원과 인간의 본성을 설명해야 하는 단계에 이르렀다. "이 두 가지를 모르고서 함부로 치술을 시행하면 자칫 인성과 천리에 어긋나게 되므로, 마치 실력이 없는 의사가 그 병증을 잘못 아는 것과 같은 일로, 다만 그 목적인 안민이 가능하지 않을 뿐만 아니라, 도리어 그로 인하여 마음에도 없는 학민虐民에 빠지게"[29] 되므로 반드시 주의해야 하는 것이다.

사람이라는 것은 새삼 덧붙일 것도 없이 하늘이 가장 사랑하신 것으로, 사람에 대해서만 만복을 내려 주신 하늘의 뜻(天意)을 보자면, 모든 신체의 구성법으로부터 그 정신·재지의 영묘함이라는 것이 결코 금수와 비슷하지 않고, 또 천성에는 다양한 여러 가지 정情이 있는데, 그중에서도 불기자립不羈自立을 바라는 정이 가장 왕성하여 특히 이것이 일신의 행복을

27 加藤弘之, 『眞政大意』, 5-6면.
28 加藤弘之, 『眞政大意』, 7면.
29 加藤弘之, 『眞政大意』, 7면.

가져올 수 있는 매개가 되는 것으로 보인다.[30]

가토가 보기에 사람의 성질은 '하늘이 가장 사랑'하여 '만복을 내려 주신' 까닭에 애초에 '금수와는 다른' 것으로, 그 차이점에는 정신과 재지뿐만 아니라 여러 가지 정을 가졌다는 점도 포함된다. 특히 그중에서도 가장 중요한 것은 바로 '불기자립의 정'임을 강조한다. 가토에 따르면 우리는 불기자립의 정으로 인하여 행/불행을 구분하게 되고, 이 정을 온전히 확보하는 일이야말로 인간 행복의 조건이 된다고 전제하는 셈이 된다. 나아가 가토는 인간의 생각이나 행동에 제약을 받는지 아닌지에 따라 느끼는 쾌, 불쾌의 감정으로부터 그것이 '천성天性에 있다는 확증'이라고 설명함으로써 '불기자립의 정'의 존재증명, 즉 실체화를 시도하고 있는 것이다.

그런데 여기에서 대체 '하늘이 사랑하셔서 내려 주신' 인간만이 지닌 성질들, 즉 '천부인권'에 대한 사고방식이 어디에서 연유하였는가를 놓고 여러 가지 견해가 있을 수 있다. 우선 먼저 생각할 수 있는 것은 역시 이 시기 유행하던 루소의 영향으로 보는 관점으로, 가토 스스로가 이후 자서전 등에서 "루소 등이 주장하는 천부인권의 주장을 믿고, 모든 우리 인류는 태어나면서부터 동등하게 평등한 권리·자유를 갖추고 있는 것이라는 설은 대단히 흥미로운 진리"라고 언급한 부분으로부터 일찍부터 루소의 존재를 알고 있었음은 분명하다.

또한 가토가 루소 본인의 저작 등을 통해 그 사상을 이해하였다기

30 加藤弘之, 『眞政大意』, 8면.

보다는, 이후 가토의 주요한 사상적 원천이 되는 블룬칠리[31]의 자유주의적 관점으로부터 이해된 루소를 받아들임으로써 이미 초기부터 "루소의 과격한 정치사상은 방법론적으로는 편리법론, 즉 추상적이고 이데올로기적인 방법의 산물"[32]이라고 한 블룬칠리의 주장에 영향을 받고 있었기 때문에 이후에 일어나는 천부인권론 비판과 전향의 계기를 안고 있었다는 견해[33]도 존재한다.

그러나 가토의 천부인권 개념은 역시 유교의 인간관을 벗어나서는 성립할 수 없는 것이었다. 가토는 일찍이 번서조소 시대부터 독일어인 'freiheit'의 개념을 고민하고 이해하면서 그 번역어로 '자주의 권리'를 거론하고, 이 '자주의 권리'가 인간이 타고나는 성性이라고 말한 바 있는데, 이 『진정대의』에서 가장 핵심적인 개념이 되고 있는 '불기자립의 정'은 이 '자주의 권리'에 대한 이해로부터 인간이 타고나는 성질(天性)로서의 '불기자립의 정'이라는 이름으로 나타나고 있다고 말할 수 있을 것이다. 그런데 애초에 거기서 말하는 성질은 타고나는 것이기도 하지만, 단지 그런 의미에만 그치지 않고 하늘이 부여해 준 것(天賦)이라는 관념 또한 함께 가지고 있음에 주목할 필요가 있다. 본디

31 Johann Kasper Bluntschli(1808-1881). 스위스 태생의 독일 법학자이자 정치가로 국법학·국제법·사법 분야에서 많은 업적을 남겼다. 특히 그의 저서 『일반국법학(Allgemeines Staatsrecht)』은 가토에 의해 『國法汎論』으로 번역되어 천황의 학습교재로 사용되는 등, 초기 메이지 일본의 국가론에 많은 영향을 끼쳤다.

32 加藤弘之 訳, 『國法汎論』, 『明治文化全集』 補巻 2, 日本評論社(1971), 23-24면.

33 安世舟, 「明治初期におけるドイツ国家思想の受容に関する一考察ーブルンチュリと加藤弘之を中心としてー」, 『年報政治学 · 日本における西欧政治思想』, 岩波書店(1975), 150면.

유교에서 말하는 천天의 관념이라는 것은 대단히 복합적이고 애매하여 일률적으로 정의하기는 어렵지만, 적어도 이 단계에서 그것이 완전히 자연과학적인 개념이 아니라는 점만큼은 분명하다. 가령 마쓰모토 산노스케(松本三之介)는 일본사상사에서 나타나는 천의 관념을 ① 인격적인 천 ② 규범으로서의 천 ③ 불가항력적 힘으로서의 천이라고 하는 세 가지 유형으로 정리한 바 있는데,[34] 여기서 가토가 말하는 천은, 앞의 '하늘이 사랑하셔서' '만복을 내려 주셨다'는 표현 등으로부터 이미 인격적인 천이 부여한 성질이라는 종교적, 혹은 형이상학적인 의미를 강하게 띠고 있는 것이라고 말할 수 있을 것이다.

그런데 여기에서 가토의 천성론은, 이전 「자주의 권리」를 이해했을 때와도 다시 미묘하게 달라져 있다. 여전히 '불기자립의 정'이 인간에게 가장 중요하고 본질적인 성질로서 설명되고는 있지만, 이 정 자체는 구속의 배제나 이익의 추구와 같이 크건 작건 자기중심적인 성격을 가진 것으로, 그것은 본질상 개별적이며 사적인 것이라고 말할 수 있다. 따라서 거기에서는 이 개별적이며 사적인 본성이 단순한 개인의 자기주장에 그치지 않고, 권리로서 널리 사회적으로도 용인할 수 있는 일반적, 공적인 관념이 될 수 있을지 아닐지, 될 수 있다고 한다면 그것은 어떻게 가능할지에 대한 의문이 당연히 제기된다. 가토는 그 해답을 다음과 같이 제시한다.

34 松本三之介, 「天賦人権論と天の観念ー思想史的整理のための一つの試み」, 家永三郎教授東京教育大学退官記念論集刊行委員会 編, 『近代日本の国家と思想』, 三省堂(1979).

그러나 그렇게만 말하면, 사람은 선악에 관계없이 불기자립의 정을 멋대로 해도 좋다고 생각하게 되는데, 결코 그런 것은 아니다. 조화造化라는 것은 실로 기기묘묘한 것으로, 또 다른 하나의 적절한 성性을 부여하였는데, 그것은 무엇인가 하면 소위 인의, 예양, 효제, 충신 등과 같은 종류의 것으로, 사람에게는 반드시 이러한 마음이 있어서 사람들이 오늘날 교제상 각각 다할 바 본분이라는 것이 있으니, 자기 혼자만 좋으면 무엇이든 해도 좋다는 것은 결코 아니다.[35]

인간의 본성이 지닌 한 측면, 즉 '불기자립의 정'만으로는 질서를 유지할 수 없고, 따라서 그것이 사회에서 권리로 용인되기 위해서는 어떤 도덕적 규범에 기초한 억제가 조건이 되어야 한다는 사고방식이다. 이것은 명백하게 유교적인 성의 개념으로 돌아오고 있는 것으로 보이는데, 다만 가토는 그 억제를 외부의 법이나 예로 돌리지 않고, 또 하나의 천성이라 하여 내부로 끌어들이고 있다. 인의, 예양, 효제와 같은 개념들이 '불기자립의 정'으로부터 도출되는 것이 아니라, 인간 본래의 천성으로 주어져 있는 것이라고 설명된다. 마치 주자학의 이기론을 연상시키는 듯한 이 설명은 이제 사회(질서)를 이루고자 하면 역시 '불기자립의 정'을 표출할 권리만으로는 안 된다는 포기선언이기도 하다.

결코 자기의 권리만 함부로 해서는 안 되고, 반드시 자기 본분을 다하여

35 加藤弘之, 『眞政大意』, 9-10면.

타인의 권리까지 경중敬重하여 감히 굴복시키거나 해치지 않도록 하지 않으면 사람으로서의 도리(道)가 서지 않는다는 이치는 분명하다.[36]

가토는 이에 대해서 "자기의 본분을 다하고 타인의 권리를 경중하는 것은 즉 의무라고도 칭할 수 있는 것으로, 사람이라면 잠시라도 잊어서는 안 되는 일"이라고 말한다. 즉 '불기자립의 정'을 행사할 권리가 온전한 질서 속에서 행해지기 위해서는 의무개념이 요청되지 않으면 안 되기에 이른 것이다. 이렇게 권리와 의무는 인간의 부여받은 천성으로부터 도출되고, '불기자립의 정'은 이와 같은 효제, 충신, 예양 등과 같은 '도리'와 결부되어야만 비로소 자연적 권리 즉 '천부인권'으로서 인증되는 것이다. 그러므로 가토의 '천부인권설'에서는 이러한 '천'이라는 유교적인 관념이 개인의 생존이나 행복의 추구라는 하늘의 뜻(天意)을 이루는 수단으로서 소위 자연적 자유(불기자립을 바라는 정)를 기초매기는 역할을 달성함과 동시에, 또한 이 자연적 자유가 권리로서 인정되기 위한 도덕적 규범과도 결부되는 경향을 가지고 있었던 데에 그 특징이 있다는 점을 놓쳐서는 안 된다.

그러나 가토는 저 '불기자립의 정'과 '의무'의 관계를 굳이 '조화라는 것의 기기묘묘함'[37]으로 설명하고 있다. 어쩌면 가토는 서구의 '자유(freiheit)'개념을 받아들이면서 도달하였던 '권리'로서의 자유를, 이제 유교적인 틀 안으로 받아들임으로써 온존시키고자 하는 것인지도

36 加藤弘之, 『眞政大意』, 10면.
37 加藤弘之, 『眞政大意』, 11면.

모르겠다. 결국 이처럼 천성으로서의 자유와 타인 자유의 경중의 '조화'는 모두 교제의 도를 위해서 천이 부여해 준 것이다. 만일 이것이 조화되지 못하는 세상이라면 "강자는 언제나 약자를 능멸하고 큰 것은 언제나 작은 것을 쓰러뜨리게 되어서, 오늘날의 교제의 도라는 것이 결코 서지 않게 된다."[38] 그리고 교제의 도가 서지 않는다면, "사람들은 행복을 구하여 그 생을 편하게 하는 일은 결코 불가능해질 것"[39]이다.

이렇듯 이 시기 가토의 천부인권설에로 이어지는 사고방식은, 그가 어렸을 때부터 익혀 왔던 전통사상의 천天관념을 바탕으로 하는 유교적 교양이 서구의 천부인권적인 관념을 접하게 되었을 때, 일단 큰 모순을 느끼지 못하는 단계에서 조화를 이루면서 형성된 것이라고 보아야 할 것이다. 다만 이와 같은 견해로부터 가토는 '인위적인 계약'에 의해서가 아닌, "인간의 천성으로부터 국가와 정부가 일어나는 것"을 천리[40]로 간주하는 사고방식을 기초에 두고 있음을 알 수 있는데, 이것은 '국가를 생존을 위해 불가피한, 그리고 불가결한 요건'[41]으로서 무조건적으로 긍정하는 경향이 있음과 동시에, 그것이 '천성'이라는 인간의 자연성에 근거를 가지는 한, 인위에 의한 국가의 재구성이라는 행위를 허용하지 않고 자연성을 절대시할 가능성을 열어주는 것이기도 하다. 따라서 거기에서부터 도출되는 권리 또한 천성

38 加藤弘之, 『眞政大意』, 11면.
39 加藤弘之, 『眞政大意』, 11면.
40 加藤弘之, 『眞政大意』, 12면.
41 松本三之介, 『天皇制国家の政治思想』, 未来社(1969), 229면.

으로서의 '불기자립을 바라는 정'이라는 것에서 도출되어, 규범적 내지 이념적인 것으로서가 아니라 '사실의 문제'[42]로서 주장되게 되는 것도 자연스러운 귀결이다.

그런데 가토가 이 『진정대의』에 들어오면서부터 이전 저술들과 달라진 특징이 있다면, 국학자류의 국가론이나 복고적인 주장들에 대한 반박이 눈에 띄게 늘어났다는 점이다. 이런 특징은 이 시기 가토가 처했던 현실 상황을 잘 보여 준다고 말할 수 있는데, 가령 헌법의 제정을 설명하는 부분에서 그는 새삼 군주천제의 정체를 강력하게 비난하며 다음과 같이 말한다.

> 천하의 백성이 군주의 사유복첩이라는 논리로 인해서 그 신민은 국가의 일에 대해서는 물론, 자기의 일이라도 결코 자유로이 처치할 수 없게 되는 것으로, 그리하여 소위 불기자립의 권리라는 것이 조금도 서지 않고, 선악사정을 막론하고 다만 명령에 따르지 않으면 안 되게 된다. 그러므로 일단 정부와 시민 사이에 권리, 의무와 같은 주장이 있을 도리가 꿈에도 없다. 이래서는 실로 예의 인성, 천리에도 완전히 어긋나는 일로, 억조를 위해서 일군이 있다고 하는 것이 아니라, 도리어 일군을 위해서 억조가 있는 셈이 된다. 진실로 한심한 도리가 아닌가.[43]

상당히 격앙된 어조로도 느껴지는 위의 발언이야말로 가토가 당시

42 石田雄, 『日本近代思想における法と政治』, 岩波書店(1967), 102면.

43 加藤弘之, 『眞政大意』, 17-18면.

어떤 주장을 주된 논적論敵으로 삼고 있었는지를 보여 준다. 그것은 말할 것도 없이 신민들을 '군주의 사유복첩'으로 보는 입장으로, 이것은 불기자립의 정과 그 권리를 근본적으로 차단하는 논리였다. 이것은 곧 당시의 일본이라는 나라를, 그 군주인 천황을, 그 백성을 어떻게 바라볼 것인지 그 인간관, 그리고 그로부터 연역된 국가관(國體)의 차이를 놓고 벌어지는 논쟁이었다.

> 단 이렇게 말하면 혹은 비난하는 자(難者)가 있어서, 백성들 위해서 군주가 있다는 것은 다른 나라(異邦)의 국체이지 결코 우리 황국의 국체는 아니라고 한다. 황국의 경우는 이자나기가 명하고, 미토스사노오미코토의 부름을 받아 … 천지가 있는 한 황국을 천손天孫의 나라로 정하셨으므로, 외국과 같이 억조를 위해서 일군이 있는 것이 아니라, 도리어 일군을 위해서 억조가 있는 것으로, 이것이 곧 황국이 가장 고귀한 연유, 저 이방의 국체 등과는 천지현격의 차이가 있는 이유라고 말하는 것이다.[44]

가토는 국학자들이 말하는 위와 같은 국체를 정면에서 반대한다. 그 가장 주된 이유는 가토가 초기의 『도나리구사』에서부터 가장 기초로 삼아 왔던 원리, 즉 "만사를 왕실조정을 위해서 도모하는가, 국가 만민을 위해서 도모하는가"로부터 공사公私여하를 판단해야 한다는 가치관 때문이다. 동시에 이전부터 고수하던 '천하는 모두의 천하'이지 '군주 한 사람의 천하가 아니'라는 '천하위공'의 관념이야말로 메이

44 加藤弘之, 『眞政大意』, 18-19면.

지의 일본이 지향해야 할 가치이고, 진정한 치술의 판단 근거이며, 그야말로 '공명정대'한 '진정'이라고 믿기 때문이다. 동시에 가토는 이와 같은 가르침은 국학 안에서도 찾을 수 있다고 말한다.

> 원래 황국은 천신천조天神天祖의 조칙에 의해서 영원히 천손의 나라라고 정하신 것이므로 황통의 만고일성萬古一姓에 대한 것은 논할 필요도 없는 일이지만, 원래 그 천신천조께서 이와 같이 정하신 바가 곧 억조를 어여삐 생각하시는 마음에서 나와 … 천조대어신이 천손에게 내린 조칙에, "그대 스메미마노미코토에게 명하노니, 평안하게 나라를 다스려 운운(汝皇御孫命いでまして, 安国と平らけく安らけく, 云云)"이라고 말씀하신 것으로, 간략히 말하자면 천손황국의 군주가 되신 이상은, 영원히 황국을 안녕하고 태평하게 다스리라고 말씀하신 조칙으로, 즉 억조창생을 위해서 일군을 하늘로부터 내려보내신 것이라는 점에는 조금의 의문을 제기할 여지가 없으며, 특히 또 인황人皇의 세상에 이르러서도, 닌토쿠(仁德)천황의 조칙에 "하늘이 임금을 세운 것은 백성을 위함이다. 그러므로 임금은 백성을 근본으로 삼는다"고 말씀하신 것도 있으므로, 이로써 억조창생을 위해서 일군이 있는 것이지, 결코 일군을 위해서 억조창생이 있지 않다는 것은 실로 명료하다.[45]

라고 하여 일본의 국체 역시 이 '천하위공'의 관념에 비추어 보았을 때 어긋나는 것이 아님을 주장하고 있다.

45 加藤弘之, 『眞政大意』, 19-20면.

이상으로부터 가토가 생각한 '올바른 정치(=眞政)'은 곧 '안민'을 위한 것임을 알 수 있다. 그러기 위해서는 '불기자립의 정'으로부터 생겨나는 권리와 의무를 헌법으로 규정하여 이것을 보호하는 일이야말로 국가의 '제일의 급무'이며, 이러한 제도가 정해지지 않는다면 '안민'은 이루어질 수 없다고 보았다. 동시에 이 안민을 위한 또 하나의 조건은 신민을 '권도'하는 일인데, 이 권도는 절대로 정부의 과다한 간섭으로써 이루어져서는 안 되며. 어디까지나 신민의 '생명, 권리, 사유(재산)'를 보호한다고 하는 국가의 제일원칙 위에서 이루어지는 소극적인 것이었다. 무엇보다도 이것은 천하는 군주의 사유가 아닌 만민이 공유하는 것이라는 국체관념이 전제가 되어야 하는데, 가토는 이 점에서 강한 반발에 부딪히게 된다. 이제 가토의 다음 목표는 천하가 만민을 위한 천하라는 점을 증명해야만 했다. '불기자립의 정'을 바탕으로 하는 인간관으로부터 이제 새로운 국가관을 연역해 내는 새로운 과제가 부여되었던 것이다.

Ⅳ. 『입헌정체략』, 『진정대의』 이후의 가토 히로유키

일찍부터 입헌정체론과 상하분권론을 주장하던 가토는 당대 최고의 지식인들과 이미 어깨를 나란히 하는 존재로 성장해 있었다. 번서조소로부터 개성소 등을 거치면서 양학이 본격적인 제도 학문으로 성장해 가는 와중에 가토 역시 그 성장속도에 발맞추어 빠르게 승진을 거듭했다. 『진정대의』를 간행할 당시인 1870(明治 3)년 7월, 가토는

35세의 나이로 대학대승大學大丞[46]이라는 지위에 있었는데, 최초 작은 번 병학사범의 후계자가 될 운명이었던 그의 신분을 생각하면 이것은 대단히 빠른 출세였다. 가토가 공부를 시작할 당시만 해도 대단히 불안한 미래였던 양학공부가, 이제 그의 날개가 되어 주고 있었던 것이다.

그는 천황의 시독侍讀이 되어 메이지천황에게 직접 양학을 가르쳤고, 이런 경력을 바탕으로 일본 최초의 근대적 대학으로 재편된 도쿄대학의 초대 종리(宗理=총장)가 된다. 그러나 그 과정은 그렇게 순탄한 것만은 아니었다. 위에서 살펴본 것처럼, 가토는 당시 지근거리에서 천황을 보필하던 국학자, 한학자들과 학문적으로 부딪히기 일쑤였다. 독일의 국가학을 천황에게 교수하던 가토는, 어디까지나 천황이 '근대적 군주', 즉 프로이센의 프리드리히 대제(1712-1786)[47]를 모범으로 하는 입헌군주가 되어 주기를 희망했던 듯하다. 그러나 그런 가토의 바람은, 전통적 천황관, 특히 '천손신화'를 근거로 하는 신정국가적 성격을 강조하는 국학자의 입장에서 보자면 마치 눈엣가시와도 같은 것이었다. 위 두 저술에 이어 1874년에 출간된 『국체신론』은 바로 이

46 메이지(明治) 정부의 관직명. 당시 도쿄대학(東京大學)의 전신이던 대학남교(大学南校) 사무직 총책임자. 가토는 메이지유신(明治維新) 이후 정부에 출사한 지 2년 만에 대학대승에 올랐다.

47 Friedrich der Große. 18세기 프로이센 왕국의 제3대 국왕인 프리드리히 2세. 재위기간은 1740년부터 1786년. 대표적인 계몽군주로, 합리적인 국가 운영을 통해 프로이센의 국력을 크게 신장시켰다. 프랑스의 볼테르와 서신왕래를 통해 『반마키아벨리론』을 저술하여 군림하지 않고 봉사하는 군주의 역할을 강조했으며, 그의 재위기간 동안 프로이센은 다른 나라들이 함부로 무시할 수 없을 만큼 강력한 군사력을 지닌 강대국 중 하나로 만들어 내는 데 성공했다.

러한 정치적 갈등으로부터 나온 결과물이라 해도 과언이 아니다. 국학적인 국체구舊론을 반박하는 새로운 국체론이라는 의미를 담은 제목에서도 알 수 있듯이, 가토는『국체신론』에서 이전에 찾아볼 수 없으리만치 신랄하게 국학자, 한학자들의 논의를 반박한다. 특히 천손신화적인 신정국가론에 대해 강력한 비판을 가하던 가토는, 결국 이 책에 담긴 내용들로 인해 많은 외압과 비난을 받았고, 이 무렵에 천황의 시독에서도 물러나게 된다. 흥미로운 사실은, 가토가 메이지 천황의 시독을 맡으면서 교수했던 내용이 독일의 국법학에 대한, 즉 제도론과 헌법론 등에 관한 내용이었던 데 비해, 이후 천황의 양학교수를 맡은 니시무라 시게키(西村茂樹)가 가르쳤던 내용은 서양 국가들의 역사나 그 군주들의 전기 등과 같은 내용으로 대체되었다는 점인데, 이로부터도 당시 가토의 '국가학'강의가 그다지 받아들여지지 않고 있었음을 확인할 수 있다.

그렇다고 해서 가토가 이 시기 대단히 진보적인 지식인으로 활약하고 있었는가 하면 반드시 그런 것은 아니어서,『국체신론』이 출판된 같은 해 초엽에 일어난 소위 '민선의원설립논쟁'에서 가토는 소위 '민선의원 시기상조론'을 제출하여 그 특유의 우민관愚民觀을 비롯한 보수적인 정견을 이미 피력하고 있었다. 그런 의미에서 이 시기 지식인들의 정치적 입장들은, 이후의 진보/보수와 같은 관점으로부터 단순하게 평가하기 어려운 복잡다단한 면들이 있다고 보아야 할 것이다.

이후 가토는 일본이 독일을 근대국가건설의 모델로 삼게 되면서 그 활약의 장을 넓혀 간다. 도쿄대학의 총장으로부터 제국학사원 원장, 재편 이후의 도쿄제국대학 총장, 궁중고문관, 추밀고문관 등을 역임하고 독일황제 빌헬름 2세로부터 훈장을 수여받는 등, 어쩌면 당시 살았던 지식인들 가운데 적어도 관료로서 최고의 영예를 모두 누렸다고 말할 수 있다. 학문적으로는 역시 그 극단적인 진화론의 채택과 국가주의의 주장으로 인해 많은 비난을 받았고, 기독교를 위시한 각종 종교에 대한 비판, 입헌국가에서 천황의 정의에 대한 논란, 각종 학문적 토론 등 수많은 논쟁에 휘말렸지만, 끝까지 자신의 진화주의적 입장을 고수하며 왕성한 학문활동을 펼쳤다는 점에서, 어쩌면 메이지 초기 일본의 서양지식수용사, '양학'을 대표하는 인물이라고도 말할 수 있을 것이다.

그리고 앞에서 설명하였던 대로, 가토의 이러한 '양학'에는 한학으로부터 출발한 교양, 혹은 일종의 형이상학적인 관념(=天)과 같은 일종의 '동아시아적 맥락'이 존재하였다. 어쩌면 그것이 없었다면 애초에 양학의 수용이라는 것이 시작되지 못했다고도 말할 수 있을 정도로, 그것은 뿌리 깊게 가토의 사상 안에 드리워져 있다. 아마도 그것은 아무리 제거하려고 해도 결코 제거되지 않는, 사라진 듯해도 사라지지 않고 그 모습을 바꾸어 어딘가에서 내재하고 있는 그런 가치, 관념, 아이디어와 같은 것일지도 모른다. 그것은 설령 가토가 독일어로 책을 읽고, 쓰고, 말하는 순간에도 결코 사라지지 않는 그런 것이었다. 가토와 같은 사례는 그것이 동거 혹은 공존을 도모하며 서로를 어떤 사고의 '기준'으로 삼아 가는 모습을 보여 주고 있다고 말할 수 있을 것이다. 그리고 이러한 '동아시아적 맥락'들은, 어쩌면 현재를 살아가는 우리의 내부에서도 여전히 모순과 동거를 거듭하면서 '진화'를 추동하는 에너지의 원천으로서 작동하고 있지는 않은지, 스스로를 돌아보고 새삼 모색하게 하는 사고의 단초들을 제공해 주고 있는 것이다. 우리가 가토를 살펴보면서, 어쩌면 우리의 근대 역시 공통적으로 가졌었고 여전히 가지고 있을지 모를 이런 모습들을 재발견하고 고민해 보는 것도 이 책을 읽는 하나의 흥미로운 독서법이 될지도 모를 일이다.

마지막으로 이 번역은 아래의 책들을 참고하며 이루어진 것임을 밝혀 둔다.(발행연도순)

참고문헌

吉野作造 編,《明治文化全集 第二卷 自由民權篇》, 日本評論社(1927).

田畑忍 著,『加藤弘之の国家思想』, 河出書房(1939).

________,『強者の権利の競争 解題』, 日本評論社(1942).

植手通有 編,《日本の名著34 西周・加藤弘之》, 中央公論社(1972).

田畑忍 著,『人物叢書(新裝版) 加藤弘之』, 吉川弘文館(1986).

上田勝美 / 福嶋寛隆 / 吉田曠二 編,《加藤弘之文書》, 同朋舍(1990).

가토 히로유키 저 / 김도형 옮김,『도나리구사』, 도서출판 문사철(2014).

입헌정체략

1868

立憲政體略

머리말

하나. 내가 일찍이 『도나리구사(隣草)』라는 제목의 책을 써서 정치체제에 관해 개략적으로 논한 일이 있었는데,[01] 초학자가 쓴 것이라 그 문장이 대단히 졸렬하고 입론이 매우 조잡하였던 까닭에 다시금 새롭게 '입헌정체론'이라는 제목의 책을 써서 상세히 논하고자 하였다. 그리하여 이미 재작년에 원고를 시작하였지만, 이후 공사가 다망하여 원고를 아직 절반밖에 쓰지 못하였는데, 이로부터 상세함을 추

01 가토 히로유키(加藤弘之)의 처녀작으로 1860년 저술되었다. 서양 열강의 침략을 받으면서 속수무책이던 청나라의 상황을 빗대면서 서구의 제도를 받아들이는 것이 부국강병의 첩경임을 주장하는 내용을 담고 있다. 막부가 설치한 양학연구기관인 번서조소에 근무하면서 쓴 것으로, 일본에서는 서구의 입헌정체, 의회제도 등에 대해서 체계적으로 설명한 최초의 저작으로 알려져 있다. 처음에는 『최신론』이라는 제목으로 쓰였다가, 이후 그 내용의 급진성을 염려한 주변 지인들의 염려와 충고를 받아들여 '이웃 나라에 대한 이야기'라는 의미를 담은 『도나리구사(隣草)』로 이름을 바꿨다.

구하다가 빨리 완성을 보지 못하느니 도리어 간략히 하여 완성을 재촉하는 것만 못하다고 생각하게 되었다. 이에 우선 그 개략적인 사항만을 기록하고자 하여 며칠 전부터 공무를 보는 가운데 짬짬이 틈을 내서 붓을 잡아 이 소책자를 저술하고 제목을 『입헌정체략』이라고 지었다. 후일 다시 여유가 생기면 '정체론政體論'을 마무리함으로써 나머지 상세한 내용을 보충하고자 한다.

하나. 입헌정체立憲政體라는 것은 공명정대하고도 확고 불변하는 국헌國憲을 정하여 세우고, 인민과 정치를 함께 함으로써 다스림의 진정한 핵심을 구하는 정체를 말한다. 이 입헌정체에는 두 종류가 있는데, 이에 대해서는 본문에 자세히 나올 것이다.

경응慶應 4(1868)년 무진戊辰(7)월,

가토 고조(加藤弘藏)[02] 적음.

02 가토 히로유키의 호(号).

정체총론

대개 세계만국의 풍속과 사람들의 정情이 당연히 서로 다르지만, 정체에 대해서 살펴보면 이것은 크게 두 가지 종류로 요약할 수 있다. 말하자면 군정君政과 민정民政이 바로 그것이다. 군정은 다시 세 종류로 나뉘는데, 즉 군주천제君主擅制, 군주전치君主專治(도나리구사에서 군주악권君主握權이라고 칭한 것), 상하동치上下同治(또는 군민동치君民同治라고 번역한다. 도나리구사에서 상하분권上下分權이라고 칭한 것)가 그것이다. 민정은 다시 두 종류로 나뉜다. 즉 귀현전치貴顯專治(도나리구사에서 호족전권豪族專權이라고 칭한 것)와 만민공치萬民共治(도나리구사에서 만민동권萬民同權이라고 칭한 것)가 그것이다. 이하에서 정치체제들에 대해 개략적으로 논하고자 한다.

1. 군정君政

만민(億兆)의 위에 한 명의 군주가 있으면서 이를 통어統御하는 정치 체제이다.

갑. 군주천제

군주가 천하를 사적으로 소유하여 만민을 함부로 제어하고, 생사 여탈의 권한도 모두 군주가 바라는 바에 달려 있는 것을 말한다.

을. 군주전치

군주가 천하를 사적으로 소유하고, 홀로 예악禮樂과 정벌征伐의 권한을 가지고서 신민으로 하여금 나라의 일에 참여하지 못하게 하는 것을 말한다. 다만 습속이 저절로 법률이 되면서 조금이나마 군주의 권한을 제한하는 경우가 있다. 모름지기 군주천제의 제도와 서로 다른 까닭이다.

병. 상하동치(또는 군민동치)

군주가 만민의 위에 있으면서 이들을 통어하기는 하지만, 감히 천하를 사유하지 않으면서 반드시 공명정대하고 확고불변한 국헌을 제정하여 세우며, 모든 일이 행해짐에 반드시 이 국헌에 입각하여 시행하고, 또한 신민臣民으로 하여금 국사에 참여할 권리를 갖게 하는 것을 말한다.

2. 민정民政

만민의 위에 군주가 없고 인민들이 정권을 장악하는 것을 말한다.

갑. 귀현전치

나라 안의 귀척貴戚[03]과 현족顯族[04]몇 명이 대대로 정권을 장악하는 것을 말한다. 즉 귀현貴顯이 천하를 사적으로 소유하는 것이다.

을. 만민공치

나라 안에 군신존비의 구별이 없이 오직 덕이 있는 군자 한 사람 혹은 수 명을 선택하여 정권을 장악케 한다. 단 상하동치와 마찬가지로 공명정대하고 확고불변한 국헌을 제정하고 수립하여 모든 일이 국헌에 입각하지 않는 것이 없게 하고, 또 국내의 서민들로 하여금 국사에 참여할 권한을 갖게 하는 것을 말한다. 다만 이와 같은 정치체제의 나라에서도 확고불변한 국헌을 세우지 않는 경우가 있는데, 이와 같은 것은 입헌정체라고 부를 수 없다. 옛날의 제도는 모두 이와 같았다.

이상 다섯 정체의 개략이 이와 같다. 다만 이 외에 여전히 대천정치代天政治,[05] 혹은 맹방盟邦, 합방合邦, 봉건封建, 군현郡縣 등의 제도가 있

03 군주의 인척(姻戚).
04 지역사회의 지도자. 지역엘리트.
05 군주가 자기 권력의 정당성을 하늘의 뜻을 대리하여 시행한다는 데에서 찾는 정치형태.

지만, 모두 이 다섯 정체 가운데의 하나가 아닌 것이 없다.

이 다섯 정체 중에서 군주천제, 군주전치, 귀현전치 등과 같은 것은 모두 아직 개화문명에 이르지 않은 나라의 정체이다. 그중에서 천제와 같은 것은 야만·오랑캐들의 정치체제로, 가장 미워하고 천시해야 할 것이다. 단 군주전치와 같은 것은 인문人文이 아직 열리지 않은 어리석은 인민이 많은 나라에서는 대단히 적당한 정치체제이지만, 개화가 시작된 나라에서는 즉시 폐기하지 않으면 안 된다. 귀현전치와 같은 정체도 역시 그러하다. 구주 각국에서는 옛날 많은 나라에서 이러한 정체를 세우고, 오직 조정만이 큰 권력을 함부로 휘두르고 백성들(黔首)을 어리석게 하는 데 힘쓰면서 빈번히 혹독하고 포악한 정치를 시행하였는데, 중고中古시대[06]에 이르러 점차 개화하기 시작하면서 인민이 그 사사로운 정치에 굴복하지 않게 되었다. 특히 지금으로부터 1, 2백 년 전 무렵부터 명사들과 대학자(鴻儒)들이 나왔는데, 이들 가운데에는 강개慷慨함을 품은 자가 적지 않았다. 그중에서도 영국인 밀턴 씨,[07] 로크 씨,[08] 프랑스인 몽테스키외 씨,[09] 루소 씨,[10] 독일인 칸트 씨,[11] 피히테 씨[12] 등을 비롯한 여러 사람들이 빈번하게 왕과 귀족이 천

06 그리 오래지 않은 옛날시기. 여기서는 대략 르네상스기(14-16세기)를 염두에 두는 표현일 것으로 여겨진다.

07 John Milton(1608-1674). 영국의 시인, 사상가.

08 John Locke(1632-1704). 영국의 철학자, 정치사상가.

09 Montesquieu, Charles De(1689-1755). 프랑스의 정치학자, 사상가.

10 Jean-Jacques Rousseau(1712-1778). 프랑스의 계몽사상가, 철학자, 교육자.

11 Immanuel Kant(1724-1804). 독일의 철학자.

12 Johann Gottlieb Fichte(1762-1814). 독일의 철학자.

하의 인민들을 사유私有하는 것이 그릇된 일임을 변론하거나, 혹은 상하동치나 만민공치의 정체를 주장하였는데, 이 공론에 따르는 백성들이 많아지면서 결국 왕과 귀족의 가혹한 정치를 거부하여 종종 소란이 일어났기 때문에, 왕과 귀족의 포악한 위세는 조금씩 쇠퇴하였고, 결국 기존의 정치체제가 저절로 오래도록 존속할 수 없는 기세가 되었다. 이로부터 여러 나라들이 조금씩 그 정치체제를 바꾸어서 상하동치 또는 만민공화의 정체를 세워서 인민과 함께 정치를 하게 되었다. 우리 황국皇國[13] 역시 2천여 년간 고유한 정체를 지녀 왔지만, 작년에 예전의 막부가 시세時勢를 관찰하여 정권을 천조天朝께 되돌려 드리게[14] 되면서 모든 것을 새롭게(萬機一新) 하시고 공명정대한 정체를 일으켰다. 이 일은 진실로 황국이 중흥하는 일을 이루신 것으로, 이보다 큰 백성의 행복이 없다고 하겠다.

앞 장에서 논한 것처럼, 다섯 정체 중에서 공명정대, 확고불변한 국헌을 제정하여 세우고, 이로부터 진정한 치안治安을 구할 수 있는 것은 오직 상하동치와 만민공치의 두 정체뿐이다. 그러므로 이를 입헌정체라고 일컫는다. 이에 이 두 정체의 제도를 개략적으로 논하고자 하니, 이것이 이 책을 지은 본뜻이라 하겠다.

13 천황이 통치하는 일본. 특히 메이지유신(明治維新) 이후의 천황의 가계가 계속해서 일본의 지배자였음을 강조하는 의미에서 많이 사용되었다.

14 1867년, 에도 막부(江戶幕府)의 마지막 쇼군인 도쿠가와 요시노부(德川慶喜, 1837-1913)가 반 막부세력과의 항쟁 끝에 국가의 통치권을 천황에게 반환하면서 도쿠가와 가문이 세운 막부에 의한 일본지배가 막을 내리고 천황이 중심이 되는 조정(朝廷)의 지배가 시작된 일을 가리킨다.

상하동치

한 명의 군주가 있어서 천하의 대권을 장악한다. 즉 천하의 원수元首이다. 그렇지만 군주천제, 군주전치와 같이 천하를 자기의 사적 소유로 삼고 모든 인민을 그 복첩僕妾으로 하는 것은 아니니, 말하자면 천하를 세상인민들의 천하라고 하는 것이다. 그러므로 정부의 본래 의미는 다만 세상의 인민들을 대신하여 천하를 다스리는 것이라고 하겠다. 그런 까닭에 천하를 다스리는 정치와 명령이 오직 군주만 하는 것일 수가 없고, 반드시 먼저 공명정대하고 확고 불변한 국헌을 제정하여 세우고, 매사에 모두 이 국헌에 입각하여 행하지 않는 바가 없으며, 또한 신민으로 하여금 국사에 참여할 권리를 갖게 하는 것이다. 그뿐만이 아니라, 군주의 권한이 자칫 지나치게 방자해질 우려가 있기 때문에, 천하의 대권을 세 부류로 나누어서 그것을 각각의 관원에게 맡기고, 군주는 이를 통괄한다. 이 세 부류를 첫째로는 입법권병立

法權柄, 둘째로는 시정권병施政權柄(또는 행법권병行法權柄이라고도 한다), 셋째로는 사법권병司法權柄이라고 한다.

이하, 국헌과 삼대권병三大權柄에 대해 개략적으로 논하고자 한다.

국헌

국헌이란 즉 나라를 다스리는 대헌법으로, 모든 이 정체제도의 큰 강령들 하나하나를 여기에 기록하여 싣고, 매사를 행함에 여기에 입각하여 시행하는 것으로, 정부가 감히 함부로 변경할 수 없는 것이다. 변경하고자 하는 것이 있으면 반드시 먼저 이를 입법부에 도모하지 않으면 안 되니, 모름지기 국헌이 확고 불변한 것은 이런 까닭이다. 그 밖에 헌법[15]이 여러 종류가 있는데, 이것은 모두 이 국헌의 지엽枝葉이라 하겠다.

삼대권병

입법권병

헌법은 즉 나라를 다스리는 기초이므로, 마땅히 이것을 제정하여 세우는 권병이 삼대권병 중에서 가장 중요하다. 그러므로 군주는 감

15 지금의 '법률'의 의미. 지금의 헌법은 여기에서는 '국헌'이라는 표현으로 쓰이고 있다.

히 이 권병을 함부로 해서는 안 되고, 반드시 신민과 이를 나누고, 군민상하가 함께 이 권병을 장악해야 한다. 그렇지만 천하의 인민들을 불러 모아서 그 논의를 듣는 것은 대단히 어려운 일이다. 또 설령 이를 위해 힘껏 노력하여도, 천하의 인민들 가운데 지혜로운 현자는 그 숫자가 적고, 어리석은 불초자不肖者들은 그 숫자가 많다. 어리석은 불초자들로 하여금 천하의 일을 논하게 하는 것은 단지 이롭지 않을 뿐만 아니라, 도리어 해가 되는 경우 또한 적지 않다. 그러므로 입법부를 두어서 입법권병을 장악하게 하고, 이를 통해서 천하의 인민들을 대신하게 하여 군주와 함께 헌법을 제정하여 세우며 큰일들을 의논하여 정하게 한다. 입법부는 크게 상하의 이원二院으로 나누는데, 모름지기 귀척貴戚, 현족顯族, 교장敎長,[16] 관리, 부상富商, 호농豪農 등을 상원의 관원으로 삼는 경우가 많다. 또는 서민이 이 관원을 맡는 나라도 있다. 이 관원은 세습하는 경우가 있으며, 군주의 명령에 따라서 종신기간 혹은 일정 기간 동안 이 직을 맡는 경우가 있고, 혹은 서민의 선택에 따라 직을 맡는 기간의 연한이 있는 경우도 있으며, 혹은 그 선택을 받는 데에 연령에 따라 제한을 두는 경우도 있다. 각국이 모두 동일하지 않으니, 아래에 서너 개 나라의 예를 들어 보고자 한다.

영국의 상원

왕족과 귀족, 성직자 등으로 이루어진다. 왕족과 잉글랜드(잉글랜드,

16 고위성직자를 가리킴.

스코틀랜드, 아일랜드의 세 나라를 합병하여 영국이라고 칭한다)의 귀족은 세습하고, 스코틀랜드의 귀족은 매년 새롭게 선거하며, 아일랜드의 귀족은 죽을 때까지 이 직을 맡는다. 또 성직자는 잉글랜드에서 나온 자는 죽을 때까지 이 직을 맡고, 아일랜드에서 나온 자는 해마다 교체한다. 상원의 관원은 대략 440-450명이며, 원장院長이 있어서 이를 카운슬러councilor라고 부른다.

프랑스의 상원

성직자와 군인, 그 밖에 모두를 국왕이 명령하여 종신직으로 임명한다. 그 인원이 대개 150명을 넘지 않는다.

프로이센의 상원

왕족·귀족·호부豪富인 농민과 상인, 대학교의 대의원과 대도시의 시장 및 그 밖의 모든 종류의 자들로, 혹은 세습하는 자도 있고, 혹은 종신 또는 수년 동안 여기에 임명되는 자도 있다.

네덜란드의 상원

허다한 직접세[지세·가세 등, 해당 사람으로부터 직접 정부에 납부하는 세금을 말한다. 상세한 것은 내가 저술한 『서양각국성쇠강약일람표西洋各國盛衰强弱一覽表』[17]

[17] 가토의 번역서. 독일의 경제학자인 모리스 블록(Maurice Block, 1816-1901)의 *Die Machtstellung der europaeischen Staaten*(1862)을 번역하고 해설을 첨부하여 1867년에 간행하였다. 프랑스, 영국, 동일 등 유럽 각국의 인구·면적·군사력·세금제도 등을 비교하여 논한 내용을 담고 있다.

및 지인인 간다 다카히라(神田孝平, 1830-1898)[18]가 저술한 『경제소학經濟小學』[19]을 참고할 것]를 납부하는 자가 아니라면, 이 관원에 임명될 수 없다. 다만 그 연령이 30세를 넘어야만 한다. 이를 선택하는 자는 국내 여러 지방의 의관議官들로, 대개 인구 3000명당 한 사람을 선택하게 되어 있다. 재직기간은 9년이며, 3년마다 전체 수의 3분지 1을 다시 뽑는다. 그 인원은 대략 40명 정도라고 한다.

또 하원은 각국이 모두 서민의 대의원을 뽑아서 이를 충당한다. 대의원이란 즉 천하의 인민들을 대신하여 나랏일을 의논하는 것을 그 임무로 한다. 그러므로 이 대의원은 각국이 모두 서민이 선택하며, 반드시 연령, 연한 등의 규칙이 정해져 있다. 이 대의원을 선택하는 자를 선택사選擇士라고 부른다. 다만 선택사가 될 권리 및 대의원이 될 권리를 모든 인민들에게 모두 수여하는 나라가 있고, 혹은 몇 가지 규칙을 두어서 그 권리를 한정하는 나라가 있는 등 각국이 서로 다르다. 아래에 몇 나라의 예를 들어 둔다.

영국의 하원

도시 등에서는 해마다 300파운드(1파운드는 대략 일본의 금 3냥 3분) 이상

18 일본의 양학자이자 정치가. 가토와 함께 명육사(明六社) 동인으로 계몽활동을 전개하였으며, 효고현령(兵庫県令), 원로원 의관, 귀족원 의원 등을 역임하였다.

19 영국의 경제학자 윌리엄 엘리스(William Ellis, 1800-1881)의 저작인 *Outlines of Social Economy*(1846)의 네덜란드어판(1857)을 간다 다카히라가 중역하여 1867년에 간행한 번역서이다.

의 세금을 납부한 자가 아니면 대의원으로 선택될 수 없다. 또 지방에서는 해마다 600파운드 이상의 세금을 낸 토지·가옥 등을 소유한 자가 아니면 선택될 수 없다. 인원은 모두 합하여 650-660명이며, 재직기간은 7년으로 한다. 또 해마다 10파운드 이상의 세금을 낸 토지·가옥 혹은 창고 등을 소유한 자는 모두 대의원을 선택할 권리를 갖는다.

프랑스의 하원

서민이 모두 대의원이 될 권리를 갖고, 또 선택할 권리도 역시 서민 모두가 갖는다. 다만 연령이 21세 이하인 자는 선택할 권리를 가질 수 없다. 대의원의 재직기간은 10년으로 하고, 거주민 3만5천 명당 한 사람의 대의원을 선택한다.

프로이센의 하원

연령이 30세를 넘는 자는 모두 대의원으로 선택될 권리가 있다. 총인원 350명, 재직기간은 3년으로 한다. 이 나라의 선택법은 다른 각국과는 다른데, 선택사에는 두 종류가 있어서 하나는 초선택사初選擇士라 부르고, 다른 하나는 후선택사後選擇士라고 부른다. 먼저 초선택사들이 함께 만나서 후선택사를 선택하면, 이 후선택사가 다시 함께 만나서 대의원을 선택하는 법으로 되어 있다. 이것을 복선택複選擇이라고 한다. 에스파냐와 그 밖의 독일 여러 나라들이 이 법을 사용한다. 다만 이 선택법에 대해서는 상세히 논하지 않으면 그 이해가 대단히 어려운데, 이 소책자에 그 내용을 잘 담아낼 수 없다. 그러므로 상세한 설명은 『입헌정체론立憲政體論』으로 넘기고자 한다.

네덜란드의 하원

서민은 모두 대의원이 될 권리를 갖는다. 다만 연령이 30세 이하인 자는 이 권리를 가질 수 없다. 이 관원의 재직기간은 4년으로, 2년마다 그 반수를 다시 뽑는다. 인원은 대략 70-80명이라 한다. 직접 내는 세금의 많고 적음을 가지고 이 의원을 선택할 권리를 한정한다. 다만 토지에 따라서 그 많고 적음을 정하는 것이므로, 도회지나 그 밖의 번성한 지역 등에서는 허다한 직접세를 내지 않고서는 선택사가 될 수 없다. 또 외딴 벽지 등에서도 선택사가 될 수 있는데, 다만 가장 많은 경우라도 160굴덴(1굴덴은 대략 일본 은 18문匁에 해당한다)에 지나지 않는다. 또 가장 적은 경우라도 20굴덴을 밑돌 수 없다.

양원兩院을 두는 법이 각 나라마다 이처럼 서로 다르지만, 모두 천하의 인민들을 대신하여 군주와 함께 헌법을 제정하고, 큰일을 의논하여 정할 권리가 있는 점은 대개 서로 같다. 단 오직 프랑스와 같은 경우는 황제의 권위가 매우 왕성하여 입법부의 권리를 크게 억제한다.

각 나라는 모두 이 양원이 매년 미리 회의의 일정을 정하여 서로 모인다. 단 임시로 어떤 일이 일어나게 되면 군주가 이를 불러 모아서 회의하게 하는 경우도 있다. 모든 양원을 열고 닫는 것은 군주의 권리이다. 또 경우에 따라서는 군주의 명령으로 해산시킬 권리도 있다. 단 이와 같은 때에서는 즉시 다시 명령을 내려서 다른 입법부를 선택하게 하고, 새로이 회의시키지 않으면 안 된다.

회의한 일은 모두 다수의 인원이 결정한 바를 채택하여 통상적인 법으로 하고, 굳이 소수자의 논의를 채택하지 않는다. 단 경우에 따라서는 설령 다수의 주장으로 결정한 것이라도, 군주가 이를 불가하다고 하면 배척하여 채택하지 않을 권리가 있다. 더 상세한 것은 입헌정체론에서 설명하고자 한다.

시정권병

이미 군주와 입법부 양원이 함께 상의하여 제정한 헌법을 시행하고, 혹은 이 헌법에 입각하여 매사를 행하는 권병을 칭하여, 시정권병 또는 행법권병이라고 한다. 이 권병은 오로지 군주가 장악하는 것으로 인민은 감히 여기에 관여할 수 없다. 단 이 권병이 가지고 있는 직무는 능히 한 사람이 할 수 있는 것이 아니므로 이를 여러 부류로 나누어서 각각 해당하는 국局을 설치하고, 국마다 반드시 대신大臣 한 사람을 임명하여 군주를 보좌하게 하니, 이것은 즉 군주가 임명하는 것이다. 또한 여기에 소속 관리 수십 수백 명을 두어서 각각 그 구체적인 업무를 분담하여 다루게 한다. 그 국을 나누는 방식은 나라마다 서로 다르기는 하지만 대체적으로 7, 8부류로 나뉘어 있다. 즉 외국사무국外國事務局, 국내사무국國內事務局, 군방사무국軍防事務局(이 국은 경우에 따라 해륙 양 군의 사무를 나누어서 두 국으로 하는 나라도 있다), 형옥사무국刑獄事務局(형벌과 감옥에 관한 일은 사율부司律府에서 관장하는 것이지만, 군주가 관장하는 사건도 있으므로 이 국을 설치한다), 회계사무국會計事務局, 번속지사무국藩屬地事務局, 교육사무국教育事務局(교법과 학술의 사무를 관장한다. 단 별도로 교법사무국을 두어서 학술의 사무는 국내사무국에서 관장하는 경우도 있다), 백공사무국百工事務局(혹은 별도로 이 국을 두지 않고 국내사무국 혹은 회계사무국에서 겸하여 맡는 나라도 있다) 등이 그것이다. 또는 십 수 가지로 분류하는 나라도 있다. 혹은 몇 개 국을 합병하여 겨우 4, 5국만 두는 나라도 있어서 모두 다르다. 이 몇 개 국을 합하여 보원輔院이라고 부른다. 이 보원 이외에 또한 참의원參議院이 있다. 군주를 보필하면서 정치에 간여하며 의논한다. 이것 또한 군주가 임명한다.

군주는 이치(理)에 입각하여 나라를 다스리는 책임을 맡아야 한다. 그러므로 그 정령政令이 혹시라도 헌법에 어긋나는 경우가 있으면, 입법부 양원이 그 죄를 묻는 것은 이치상에 있어서도 매우 당연한 일이라고 한다. 그렇지만 또한 이것은 사실상 행해질 리가 없다. 그러므로 대신으로 하여금 군주를 대신하게 하고, 각국의 대신 각자가 모두 그 임무를 관장할 책임을 맡기는 제도를 세운다. 그러므로 만일 정부의 정령이 헌법에 어긋나는 일이 있으면, 입법부는 군주의 죄를 살피는 것이 아니라 반드시 그 일에 관여하고 연서連署한 대신의 죄를 물을 수 있다. 그런 의미에서 시정권병은 원래 군주가 장악하는 것이지만, 반드시 대신의 허가를 거치지 않고서는 감히 시행해서는 안 된다. (더욱 상세한 설명은『정체론』에서 논하고자 한다.)

선전포고, 강화, 조약체결 등의 일은 모두 군주의 권리로, 입법부는 여기에 관여하지 않는 것으로 한다.

사율권병

사율권병이란 율법을 관장하는 권병을 말한다. 모름지기 국가의 율법을 정하고 이를 따져 묻는 관리(問官)[20] 두는 것은 사람이 나쁜 생각(惡念)을 금하고 사람 스스로가 자기를 다스리기를 바라기 때문이다. 그러므로 이 권병을 가지고 입법·시정의 양대 권병과 나란히 두어서 별도로 사율의 관청을 설치하고, 이를 관장하게 한다. 다만 대·중·소로 나누어 설치하고 온 나라의 율법을 관장하는 자가 있고, 주州 안의 율법을 관장하는 자가 있으며, 그 밖의 여러 국을 두는 것이 각 나라마다 모두 동일하지는 않다.

이 관청의 관리는 다만 율법에 따라서 옥송獄訟을 듣고 판단하며, 조금도 율법의 정사당부正邪當否를 논할 권리는 갖지 않는다. 그렇지만 모든 옥송의 일이 완전히 이 관청에 위탁된 것으로, 군주는 거의 이에 관여하지 못하게 한다. 다만 이 관청의 관원을 임명할 권한, 사형의 죄를 허가할 권한, 죄과를 덜어줄 권한 및 그 외의 두세 가지 권리에 대해서만 군주가 가지고 있도록 한다.

20 죄인을 심문할 때, 그 사건정황을 조사하는 관리.

만민공치

앞에서 언급한 것처럼, 이 정체를 세운 각 나라에서는 군신존비의 구별이 없고, 대개 전국의 민인이 모두 함께 회의하여 국정을 시행하는 것을 본래의 취지로 삼는다. 이미 옛날 그리스의 아테네 등이 이러한 제도를 두어서 헌법의 일을 비롯하여 그 밖에 모든 긴요한 사건을 의논할 때 전국의 인민들이 모두 회의에 모여서 이를 결정하고, 다만 매일 매일의 생활에서 벌어지는 여러 가지 일들(庶政)은 관원을 두어 이를 위탁하였다[이것이 즉 만민공치라는 이름이 일어난 까닭이다]. 다만 이와 같은 제도는 아테네처럼 대단히 작은 나라가 아니면 시행할 수 없다. 또한 설령 시행할 수 있다고 하여도 대단히 좋은 제도라고는 할 수 없다. 그러므로 지금 이 정체를 세운 아메리카와 스위스 등 그 밖의 많은 나라들은 이와 같은 제도를 쓰지 않고, 상하동치와 같이 반드시 확고불변한 국헌을 제정하여 세우고 삼대권병을 나눈다. 입법권병은 입법부로 두 개의 원院을 설치하고 선택의 법으로 대의원을 선출하며, 시정권병도 역시 선택의 법으로 유덕한 군자 한 사람 내지 몇 명을 뽑아서 이들에게 권병을 위탁하고 또 이들을 천하의 원수로 삼는다. 굳이 문지門地나 자격을 논하지 않고 다만 덕과 지식을 갖춘 인사를 취하는 것을 본래의 취지로 한다. 다만 선택할 수 있는 연령 및 재직의 연한 등에 반드시 정해진 규칙이 있어서, 기간이 만료되면 또 다른 사람을 선택하여 이를 대신하게 한다. 아메리카와 같은 경우는 시정권병을 장악하여 인민을 다스리는 책임을 맡은 자를 한 명 두어서 이를 통령이라고 부른다. 다만 따로 부통령이라고 칭하는 자가 한 명 있어서, 만일 통령이 재직 중에 죽거나 혹은 어떤 이유가 있어서 퇴직할 때 등에는 이를 대신하여 통령의 직을 잇게 하기 위해서 준비해 두는 자로, 보통은 상원의 의장을 맡을 뿐이다. 그런데 통령은 그 연령이 35세 이상인 자가 아니면 선택될 수 없다. 그 재직은 반드시 4년으로 하되, 그렇지만 사람들의 신망이 있어서 인민이 그가 퇴직하는 것을 기꺼워하지 않을 경우에는 연장하여 8년을 재직하는 것을 허락하기도 한다. 다만 그런 경우라도 결코 8년을 넘길 수는 없다. 이것은 무릇 그 권위를 제멋대로 휘두르게 되는 일을 두려워하기 때문이다. 또한 스위스의 제도는 이와 달라서, 시정권병을 장악하여 인민을 다스리는 책임을 맡는 자 7명을 두고 이들이 함께 상의하며 천하를 다스린다. 이것을 합의부合議府라고 부른다. 그 재직기간은 3년으로 하고, 이들 역시 문지와 자격을 논하지 않으며 다만 사람들의 신망이 두터운 자를 내세운다.

이 정체를 세운 나라들 중 많은 경우는 원래 자주적으로 정치하던 여러 지방이 합쳐서 한 나라를 이룬 것이므로, 그 여러 지방은 상하동치의 나라의 주현州縣과 같은 것과는 달리 각 지방에 반드시 각각 정부를 두어서 지역 내의 정치는 모두 이 정부에서 시행하고, 다만 전국에 관계되는 일은 전국의 대정부에서 시행한다. 이는 모름지기 봉건의 제도와 크게 유사한 데가 있어서 대정부는 조정과 같고 자주의 정치를 행하는 각 지방은 제후와 같으니, 이 때문에 봉건의 나라에서 입헌정체를 세울 때에는 상하동치의 제도보다는 도리어 이 정체의 제도를 취하는 데도 많은 듯하다.

국헌과 삼대권병은 대개 상하동치와 비슷하니 아래에서 대략적으로 설명하고자 한다.

국헌

대개 상하동치하는 나라의 국헌과 같다. 다만 정체의 차이에 따라서 각자 작은 차이만 있을 뿐이다.

삼대권병

입법권병

대개 상하동치를 하는 나라처럼 상하의 양원으로 나뉜다. 다만 그 상원이 크게 상하동치의 상원과 달라서 귀족, 명사, 부유한 상인 등이 아니라 국내 각 지방 정부로부터 각각 두 사람의 대의원을 선택하여 이를 상원으로 보낸다. 이들은 각 지방을 대표하여 국사를 의논하는 자들이다. 다만 하원은 상하동치를 하는 나라의 하원과 다르지 않아서, 즉 서민의 대의원을 역시 인구수에 따라서 선택한다. 단 나라 안의 서민 모두가 선택의 권리를 가지며 결코 대소나 빈부에 따라서 이 권리를 주거나 빼앗거나 하지 않는다. 다만 이 권리를 가질 수 없는 자는 부녀자, 소년, 정신이 문제가 있는 자와 형벌을 받은 자 등뿐이다.

양원의 대의원 재직기한 및 선택을 받을 수 있는 연한은 반드시 정해진 규칙에 따른다. 아메리카와 같은 경우는 상원의 관원재직연한을 6년으로 한다. 연령은 30살이 되기 전에는 선택을 받을 수 없다. 또 하원의 관원은 재직기간 2년에, 연령 25세 이상인 자가 아니면 선택받을 수 없다. 주민 12만4천 명당 한 사람을 선택하게 된다. 총 의원수가 대략 240-250명이다. 또한 스위스의 양원과 같은 것도 이와 크게 다르지 않다.

회의에서 일단 결정한 사안이라도 통령이 이를 불가하다고 하여 배척하고 채택하지 않을 권리가 있는 것은 상하동치와 같다. 다만 입법부가 감히 여기에 따르지 않고 다시 이 사안을 주장하면, 다시 그 일을 의논하게 해서 총 인원의 3분의 2가 그것을 옳다고 할 경우에 통령은 이를 채택하여 시행하지 않으면 안 된다. 다만 스위스의 합의부에는 이와 같은 권리가 없으므로 입법부에서 결정한 일에 대해서 합의부는 굳이 그 가타부타를 논하지 않고 곧바로 시행한다.

그 외의 것들은 상하동치의 입법부와 크게 다르지 않다.

시정권병

한 사람 또는 몇 사람이 이 권병을 장악한다. 즉 아메리카와 같은 나라는 통령 한 사람이 이를 장악하고, 스위스와 같은 경우는 소위 합의부의 7명이 이 권병을 장악한다.

시정부의 직무를 몇 개의 부류로 나누어서 각각 그 국局을 설치하는 것은 상하동치의 나라와 대체적으로 다르지 않다. 아메리카와 같은 나라는 통령이 각국各局의 재상을 임명하여 그 정치를 보좌하게 한다. 그 재상을 등용하고 내치는 일만은 오로지 통령이 마음대로 할 수 있다. 다만 스위스와 같은 나라는 7개의 국을 세워서 소위 합의부의 7명이 각각 한 개 국의 국장이 되어서 그 직무를 관장하는데, 평상시에는 그 장이 이를 결정하고 시행하지만, 다만 사안이 약간 특별한 경우에는 모두 합의부의 7인이 상의해서 결정한다. 단 7명 가운데 수령이 한 사람이 있고, 이것은 해마다 새로 뽑는다.

상하동치의 나라에서는 군주가 나라를 다스리는 책임을 맡는 실질이 없고 반드시 대신으로 하여금 이를 대신하게 한다고 하지만, 이 만민공치의 정체를 세운 각국에서는 그렇지 않다고 한다. 그러므로 아메리카에서는 통령, 스위스에서는 합의부가 나라를 다스리는 일의 책임을 지는 것으로, 그 정령이 국헌에 위배되는 일이 있으면 입법부로부터 그 죄를 묻는 것이 당연하다.

선전포고, 강화, 조약체결의 권리는 아메리카에서는 통령이 장악하는 바이기는 하지만, 혼자서 이를 독점할 수는 없고 반드시 입법부와 의논해서 정해야 한다. 단 스위스에서는 이 권리가 오직 입법부에 속하는 것이어서 합의부는 이에 결코 관여할 수 없다.

사율권병

상하동치의 나라들과 같이, 이 권병은 오로지 이 관청의 관원에게 위임하는 바로, 입법부·시정부가 관계하지 못 한다. 다만 아메리카에서는 상하동치의 각국各國처럼 이 관청의 관원을 명할 권리와 사형죄를 허가할 권리, 그리고 죄과를 덜어 줄 권리와 같은 두세 가지의 권리는 통령統領이 갖게 한다. 다만 스위스의 경우에는 합의부合議府가 이와 같은 권리를 가질 수 없다.

그 외에는 대개 상하동치의 나라와 큰 차이가 없다.

국민 공사公私의 두 가지 권리

군주천제, 군주전치, 귀현전치와 같은 것은 천하의 온 백성이 군주와 귀족의 사유나 복첩이 된다. 복첩이라면 다만 그 주인의 명령을 받드는 것이 당연한 이치라 말할 것이므로 어떠한 권리 하나라도 가질 수 없다는 점은 굳이 논할 필요도 없다. 단 입헌의 양 정체와 같은 경우라면 그렇지 않다. 천하를 군주와 귀족의 사유물로 삼는 것이 아니라, 소위 천하의 천하(天下之天下)로 삼는다. 그러므로 그 신민臣民된 자의 몸에는 스스로 권리가 존재한다. 권리에는 두 종류가 있어서 하나를 사권私權이라고 하고, 다른 하나를 공권公權이라고 한다. 사권이란 자기 몸에 관계되는 바에 대한 권리로, 소위 임의자재任意自在의 권리라고 부르는 것을 말한다. 공권이란 국사에 관여할 권리를 말하는 것이다.

사권

사권에 또한 여러 종류가 있어서 이를 모두 열거할 여유는 없으나, 그 대강을 적어보면 대개 다음과 같다.

첫째, 생명과 활동(生活)의 권리. 생활은 하늘이 내려주신(天賜) 것이므로, 이를 빼앗을 수 있는 것도 또한 天이다. 남이 함부로 빼앗을 수 있는 것이 아니다. 이것이 인생의 모든 권리의 기초가 된다. 야만인이나 오랑캐(蠻夷)와 같은 것들은 사람된 군주가 죽이고 살리는 권리를 함부로 하니, 신민은 이런 권리조차 가질 수 없다. 하물며 여타 권리들에 있어서는 어떠하겠는가. 다만 문명지역들이라고 해도 중죄에 대한 형벌은 반드시 죽음으로 하는데, 이는 대부분 어쩔 수 없는 경우에서 나오는 것일 뿐이다.

(1700년대에 이탈리아의 베카리아[21]라는 사람이 사형을 폐하자는 논의를 내고부터 유럽의 석학과 뛰어난 명사들 가운데 여기에 가담하는 자가 많아졌고, 이미 스위스 연방 가운데에는 사형을 폐지한 곳도 있다. 아마도 이 설은 후세에 실제로 쓰이게 될 것이다. 또한 이 주장에 대한 상세한 설명은 『정체론』으로 넘기고자 한다.)

둘째, 자신자주自身自主의 권리. 사람을 함부로 체포하거나 멋대로 옥에 가둘 수 없는 권리이다.

셋째, 행사자재行事自在의 권리. 단지 헌법이 금하는 일 이외에는 모

21 체사레 베카리아(Cesare Beccaria, 1738-1794). 이탈리아의 형법학자·경제학자. 『범죄와 형벌』(Dei delitti e delle pene, 1764)이라는 저서를 통해 최초로 법률적으로나 형벌의 효과면에서 사형은 불필요하다고 주장하였다.

든 인생의 일들에 대해서 자기의 의지에 따르며, 이를 방해받지 않을 권리이다.

넷째, 결사 및 회합의 권리. 결사의 권리란, 수 명이 모임을 만들고, 여럿이 힘을 합치며, 자본을 모아서 한 사람의 힘으로는 할 수 없는 사업을 도모할 수 있는 권리이다. 회합의 권리란 사람들이 한곳에 모여서 혹은 기쁨과 즐거움을 함께 하고, 혹은 서로 그 이익을 도모할 수 있는 권리이다.

다섯째, 생각하고[思], 말하고[言], 글쓰기[書]의 세 가지를 모두 자기 뜻에 따라 마음대로 할 수 있는 권리이다. 단 생각하는 일의 자유는 설령 걸桀임금이나 주紂임금일지라도 감히 금지할 수 없는 것이었지만, 그 생각하는 바를 자유롭게 말하거나 혹은 글로 기록하여 공공연히 퍼뜨리는 일을 금지하는 것은 군주천제, 군주전치에서는 흔한 일로, 그 자유를 허가하는 것은 입헌의 두 정체를 채택한 나라들뿐이다. 모름지기 이것이야말로 각 나라가 점점 개화문명으로 향하는 연유인 것이다. 다만 이 권리가 자유롭다고 하여, 함부로 글로 기록하는 일을 허가하지는 않는다. 그 기록한 바가 매우 인심을 미혹하거나 치안을 어지럽히는 등의 일이 있으면 기록한 이는 반드시 그 죄를 받는 것 또한 마땅하다. 그러므로 글을 쓰는 자가 거기에 대해 분별하고 해명할 책임을 지는 법도가 있다.

여섯째, 신법信法 자유의 권리. 종교에 대한 것은 그 종파에 관계없이, 어떠한 종파라도 그 사람의 뜻에 따라서 믿고 따를 권리이다. 다만 옛날에는 이 권리를 세우지 못하여 혹은 옛 종교를 존숭한 나머지 새로운 종교를 천시하는 나라도 있었다. 이로 인해서 종종 나라가 어지러워지는 일도 있었으므로, 최근에는 이와 같은 금기를 없애면서 정부에서는 조금도 종파의 시비선악을 논하지 않고, 다만 사람들의 자기 뜻에 따라서 아무 종파나 자유로이 믿고 따를 권리를 세운 것이다. 그러므로 최근에는 종교로 인해 나라가 어지러워지는 일은 결코 없다. 대개 구주의 개화가 크게 진보한 까닭이 아닐까 생각한다.

일곱째, 만민동일의 권리. 법률이 각 인민의 권리를 보호하는 것이 동일하여, 문지나 자격 등에 따라서 결코 차별받지 않을 권리이다. 이야말로 대개 입헌정체가 크게 공정하여 한 점의 사사로움이 없다는 점을 보기에 충분한 것이다.

여덟째, 각 인민 소유의 물건을 자유롭게 처분할 권리이다. 각 인민이 자기가 소유한 물품을 자유롭게 처분할 수 있으며, 이때 결코 다른 이에게 방해를 받지 않을 권리이다. 이로 인해 입헌정체의 각국에서는 설령 죄인의 가옥, 물품이라도 결코 몰수하지 않고 반드시 이를 그 처자친척에게 나누어 준다. 모름지기 몰수는 형벌이라고 말할 수 없는 것으로, 도리어 도적의 소행이라 할 것이다.

그 밖에 또한 여러 종류가 있으니, 이에 대해서는 이후 『정체론』에서 다루고자 한다.

공권

공권이란 국사에 관여할 권리로, 그 가운데 가장 큰 것을 선택권리라고 하여 즉 입법부의 관원을 선택할 수 있는 권리 및 그 관원으로 선택받을 수 있는 권리를 말한다. 원래 입법부의 관원에 대해서는 천하의 인민들 모두가 이 권리를 가지는 것이 매우 당연하므로 국민에게 빈부대소의 구별 없이 모두 이 권리를 부여하여 조금도 제한을 두지 않는 나라도 있다. 또는 몇 개의 조례를 두어서 이를 제한하는 나라도 있어서 모두 조금씩 다르다. 다만 설령 조금도 제한하지 않는 나라라고 해도 부녀자, 소년, 정신에 이상이 있는 사람 및 죄를 지어 형벌을 받은 자, 그 밖에 스스로 생계를 영위할 수 없는 자 등에게는 이 권리를 부여하지 않음은 물론이다.

그 밖에 여러 관직을 맡을 권리 역시 원래는 모든 인민이 동일하게 갖는 것으로, 많은 나라들이 존비대소를 구별하지 않고 다만 그 재능에 따라서 높고 낮은 여러 관직들에 등용된다. 그러므로 현명한자와 어리석은 자가 각각 그 있을 곳을 얻게 되므로, 천하를 힘들이지 않고 다스릴 수 있다. 다만 역시 부녀자, 소년, 정신에 이상이 있는 사람, 형벌을 받은 사람, 학식이 없는 사람 등은 본디 등용할 수 없다. 다만 어떤 관직들 몇 가지에 대해서는 어떤 품격과 지위에 따라 특별히 정하는 나라들도 있다. 가령 프로이센과 같은 경우, 장수는 오직 귀족들만이 맡을 수 있다. 그렇지만 이 제도는 공명정대한 것이 아니어서 치안의 법도에는 해가 된다. 마땅히 폐지해야 할 것이다.

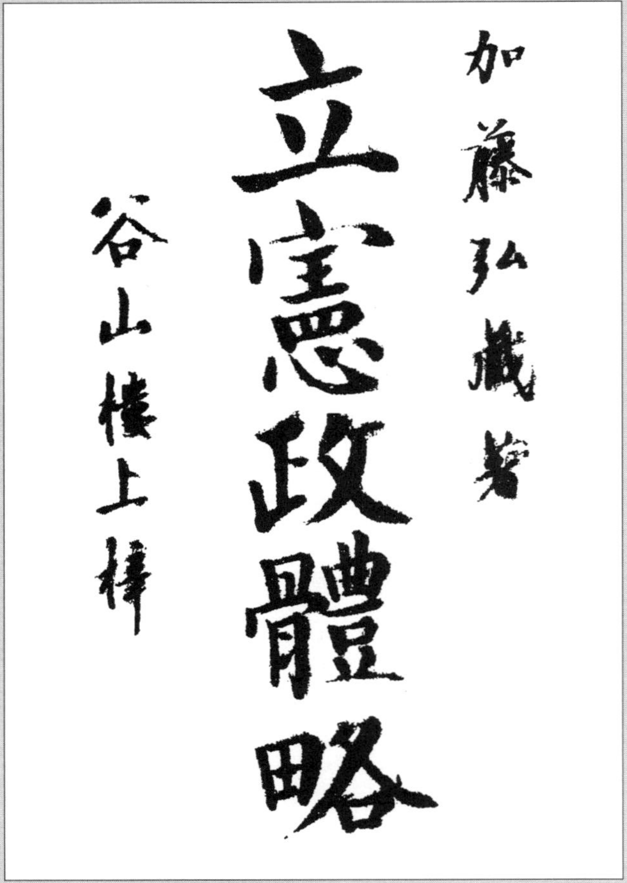
加藤弘藏著
立憲政體略
谷山樓上梓

立憲

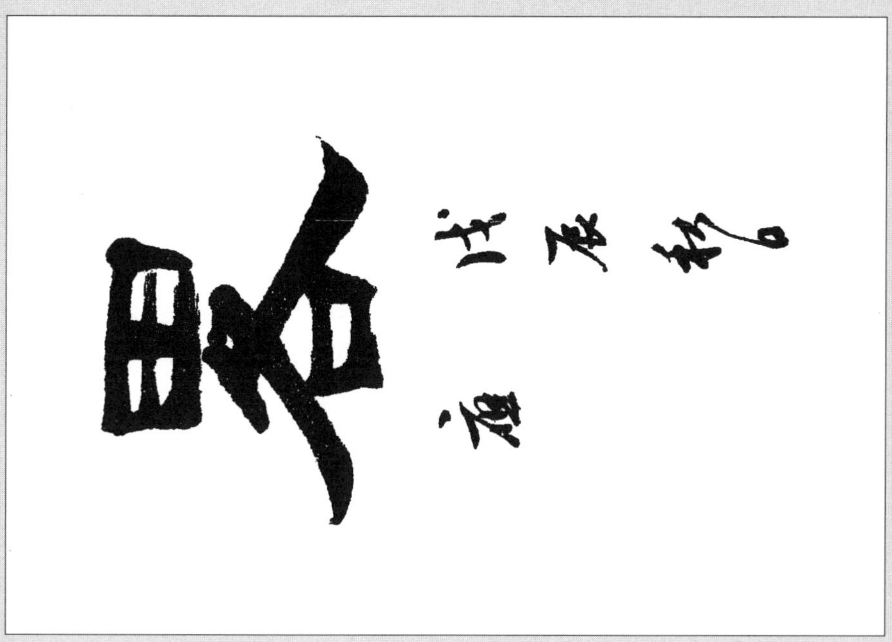

小引

一 余曩ニ鄰草ト題セル書ヲ著シテ粗政體ニ就テ論セシカ猶初學ノ著ナレハ文極メテ拙ク論極メテ粗ナルヲ以テ尚別ニ立憲政體論ト題セル書ヲ著シテ詳ニ論セントシ已ニ去去年稿ヲ起セシニ尓後公私多事ニシテ稿未ダ半ニ至ラス因テ惟フニ詳ヲ求メテ成功ノ速カナラザルハ寧ロ略ニシテ成功ノ速カナルニ如カスト是ニ於テ先ツ其略ヲ取ラント

決シ數日前ヨリ公務ノ餘暇ヲ竊テ筆ヲ採リ以テ此小冊子ヲ著シ題シテ立憲政體畧ト云フ尚暇日ヲ得テ政體論ヲ卒ヘ以テ其詳ヲ盡サント欲ス

一立憲政體トハ公明正大確然不拔ノ國憲ヲ制立シ民ト政ヲ共ニシ以テ真ノ治要ヲ求ムル所ノ政體ヲイフナリ立憲政體ニ二類アリ本文ニ詳ナリ

慶應四年戊辰七月

加藤弘藏誌

目錄

上下同治

國憲

三大權柄

立法

施政

司律

萬民共治

國憲

三大權柄

國民公私二權

私權

公權

立憲政體略

加藤弘藏誠之著

政體總論

凡ソ宇内萬國風俗人情自ラ相殊ナリトイヘドモ其政體ハ之ヲ要スルニ二類ニ過キス所謂君政民政是ナリ但シ君政分テ三種トナル即チ君主擅制、君主專治、鄰草ニ君主握權ト称スル者上下同治又君民同治ト譯ス鄰草ニ上下分權ト称スル者是ナリ民政亦分テ二種トナル即チ貴顯專治鄰草ニ豪族專權ト称スルモノ萬民共治鄰草ニ萬民同權ト称スル者是ナリ乃チ左ニ諸政體ノ

槩畧ヲ論ス

第一君政

億兆ノ上ニ一君アリテ之ヲ統御スルノ政體ナリ

甲、君主擅制

君主天下ヲ私有シ億兆ヲ擅制シテ生殺與奪ノ權獨リ其欲スル所ニ任スル者ヲ云フ

乙、君主專治

君主天下ヲ私有シ獨リ禮樂征伐ノ權ヲ專ニシテ臣民ヲシテ國事ニ參與スルヿヲ得セシメサルモノヲ云フ惟習俗自ラ法律トナリテ稍君權ヲ限制スル所アリ益シ擅制ト相異ナル所以ナリ

丙、上下同治 君民同治ト譯ス

君主億兆ノ上ニアリテ之ヲ統御スト雖ドモ敢テ天下ヲ私有スルヿナク必ス公明正大確然不拔ノ國憲ヲ制立シ萬機必ス此國憲ニ則リテ施行シ且ツ臣民

ヲシテ國事ニ參預スルノ權ヲ有セシ
ムルモノヲ云フ

第二民政

億兆ノ上ニ君主ナク民政權ヲ掌握ス
ルモノヲ云フ

甲、貴顯專治

國中ノ貴戚顯族數貴、累世政權ヲ掌握
スルモノヲ云フ即チ貴顯天下ヲ私有
スルナリ

乙、萬民共治

國中君臣尊卑ノ別ナク惟有德ノ君子
一人若クハ數名選擇セラレテ政權ヲ
掌握ス但シ上下同治ノ如ク亦公明正
大確然不拔ノ國憲ヲ制立シテ萬機此
國憲ニ則ラサルモノナク且ツ國內庶民
ヲシテ國事ニ參預スルノ權ヲ有セシ
ムル者ヲ云フ但シ此政體ノ國ニモ確
然不拔ノ國憲ヲ立テサル者アリ此ノ
如キモノハ立憲政體ト稱スヘカラス
古昔ノ制度ハ皆此ノ如シ

○以上五政體ノ槩畧此ノ如シ但シ此他尚代天政治、或ハ盟邦、合邦、封建、郡縣等ノ制度アリトイヘ𪜈皆此五政體ノ內ニ居ラサル者ナシ○此五政體中ニ於テ君主擅制、君主專治、貴顯專治等ノ如キハ皆未タ開化文明ニ向ハサル國ノ政體ナリ就中擅制ノ如キハ蠻夷ノ政體ニシテ尤モ悪ムヘク賤ムヘキモノナリ、但シ君主專治ノ如キハ人文未タ闢ケス蠢愚ノ民多キ國ニアリテハ甚タ適當セル政體ナリトイヘ𪜈漸ク開化ニ向ヘル國ニアリテハ直ニ廢棄セサルヘカラス貴顯專治ノ如キモ亦然リ歐洲各國往古多クハ是等ノ政體ヲ建テ獨リ朝廷大權ヲ擅ニシ務メテ黔首ヲ愚ニシテ頑リニ凞皥ノ政ヲ施セシカ中古漸ク開化ニ向フニ隨テ民其私政ニ服セス殊ニ今ヲ距ル一二百年前ノ頃ヨリ名彥鴻儒輩出シテ之カ為メニ慷慨ヲ懷ケル者少カラス就中英人米耳頓、羅克、佛人孟得士瓜、蘆騒、日耳曼人汗土、非弗得其他數輩頓リニ王公ノ天下億兆ヲ私有スルノ非ナルヲ辨論シテ或ハ上下同治或ハ萬民共治ノ政體ヲ主張セシカハ百姓ノ此公論ニ服スル者多ク漸ク主公ノ權政ヲ拒ミ屢騷亂ヲ生セシカ爲メニ主公ノ暴威愈衰ヘ遂ニ從來ノ政體自ラ永存スルヿ能ハサルノ勢トナリソレヨリ各國漸ク其政體ヲ變シテ或ヒハ上下同治或ハ萬民共和ノ政體ヲ建テ以テ民ト政ヲ共ニスルヿトハナリタリ我
皇國亦二千有餘年間固有ノ政體ヲ存セシカ去歳我舊幕府時勢ヲ觀察シテ政權ヲ
天朝 歸納セラレシヨリ萬機 新公明正大ノ政體ヲ起シ玉フ眞ニ
皇國中興ノ盛業ニシテ百姓ノ幸福コレヨリ大ナルハナシ

○前章論スルカ如ク五政體中公明正大確然不拔ノ國憲ヲ制立シ以テ眞ノ治安ヲ求ムルモノハ獨リ上下同治、萬民共治ノ二政體ノミ因テ之ヲ立憲政體ト稱ス左ニ此二政體ノ制度ヲ槩論ス是レ此書ノ本意ナリ

第一上下同治

○一君主アリテ天下ノ大權ヲ掌握ス即チ天下

ノ元首ナリサレ氏君主擅制、君主専治ノ如ク
天下ヲ以テ其私有トシ億兆ヲ以テ其僕妾ト
ナスモノニアラス所謂天下ヲ以テ天下億兆
ノ天下トス故ニ政府ハ惟天下億兆ニ代リテ
天下億兆ヲ治ムルヲ以テ本意トス是ヲ以テ
其政令獨リ君主ノ專ニスルヿ能ハサルモノ
ニシテ必ス先ツ公明正大確然不抜ノ國憲ヲ
制立シ萬機都テ之ニ則ラサルモノナク且ツ臣
民ヲシテ國事ニ參預スルノ權利ヲ有セシム
加之君權動モスレハ專肆ニ至ルノ恐レアル

カ為メニ天下ノ大權ヲ以テ之ヲ三類ニ分チ
以テ各其官員ヲ充テ君主之ヲ総括シ第一立
法權柄第二施政權柄又行法權柄ト称ス第三司律權柄
是レナリ○左ニ[illegible]ヒ三大權柄ヲ槩論ス

國憲

○國憲トハ即チ治國ノ大憲法ニシテ都テ此政
體制度ノ大綱悉ク之ニ録載シテ萬機之ニ則
リテ施行スルモノニシテ政府敢テ恣ニ變更
スルヿ能ハス變更セント欲スルモノアレハ
必ス先ツ之ヲ立法府ニ謀ラサルヲ得ス蓋シ

確然不抜ナル可蹤ナリ其他憲法數類アリ皆
此國憲ノ枝葉ナリ

三大權柄

立法權柄

○憲法ハ即チ治國ノ基礎ナリ是ヲ以テ之ヲ制立スルノ權柄自ラ三大權柄ノ尤モ重キモノナリ是故ニ君主獨リ此權柄ヲ專ニスルヿ能ハス必ス臣民ト之ヲ分チ君民上下相共ニ此權柄ヲ掌握スサレハ天下億兆ヲ激シ驅メテ其論議ヲ聽クヿ甚タ容易ナラス且ツ假令ヒ務メテ之ヲナスモ天下ノ民人智賢少ク愚不肖多シ愚不肖ヲシテ天下ノ事ヲ論セシムルハ啻ニ利ナキノミナラス却テ害亦少カラス是ニ於テ立法府ヲ置テ立法權柄ヲ掌握セシメ以テ天下億兆ニ代リテ君主ト共ニ憲法ヲ制立シ大事ヲ議定スルモノトス立法府大概分テ上下ヲ二院トス蓋シ貴戚顯族教長官吏富商豪農等ヲ以テ上院ノ官員トナスモノ多シ儘マタ庶民ヲ以テ此官員トスル國モアリ此官員世襲アリ君主命シテ終身或ハ定期ノ

間此職ニ任スルモノアリ或ハ庶民ノ選擇ニ係リテ其在院ノ年限アルアリ或ハ其選擇ヲ得ルニ年齒ニヨルモノアリ各國皆一樣ナヲス左ニ三四國ノ槩例ヲ擧ク

●英國ノ上院

王族貴戚教化師等ニシテ王族及ヒ英倫(エングランド)（英倫(イングランド)、蘇格蘭(スコットランド)、阿爾蘭(アイルランド)ノ三ヲ合併シテ英國ト称ス）國ノ貴戚ハ世襲ニ蘇格蘭ノ貴戚ハ每年新ニ選擧シ阿爾蘭ノ貴戚ハ終身之ニ任ス又教化師ハ英倫ヨリ出ルモノハ終身之ニ任シ阿爾蘭ヨリ出ルモノハ年ヽ交替ス上院ノ官員大約四百四五十人院長アリカンセロルト称ス

佛國(フランス)ノ上院

教長及ヒ將帥等其他都テ國君命シテ終身此職ニ任ス人員大抵百五十名ニ過キス

普魯士(プロイセン)ノ上院

王族貴戚豪富ノ農商大學校ノ代議士及ヒ大都會ノ市長等其他諸類ノモノニシ

テ或ハ世襲ノモノアリ或ハ終身又ハ數
年間之ニ任スルモノアリ

荷蘭（ヲランダ）ノ上院

許多ノ直税（地税家税等當人ヨリ直ニ政府ニ納ムル税ヲ云フ詳ナルヿハ余カ西洋各國盛衰強弱一覽表及ヒ友人神田孝平カ經濟小學ヲ看ルヘシ）ヲ納ムルモノニアラサレハ此官員ニ任セラルヽヿナシ但シ其年齒三十ヲ超ユル者ノミ之ヲ選擇スル者ハ國内諸州ノ議官ニシテ大抵人口三千人毎ニ一人ヲ選擇スルヿトナス在職九年ニシテ三年毎ニ全數ノ三分一ヲ改選ス人員大約四十名トス

○又下院ハ各國皆庶民ノ代議士ヲ以テ之ニ充ツ代議士トハ即チ天下諸民ニ代リテ國事ヲ議スルヲ以テ命スル所ナリ故ニ此代議士ハ各國共ニ皆庶民ノ選擇スル所ニシテ必ス年齒年限等ノ定則アリ之ヲ選擇スル者ヲ選擇士ト称ス但シ選擇士トナルノ權利及ヒ代議士トナルノ權利共ニ悉ク萬民ニ授與スルノ國アリ或ハ數條ノ規則アリテ其權利ヲ限定

スルノ國アリ各國相殊リ左ニ又四國ノ槩例ヲ擧ク

英國ノ下院

都市等ニテハ年ミ三百ポンド一ポンドハ大約我金三両三分以上ノ收納アル者ニアラサレハ代議士ニ選擇セラル、ヿ能ハス又州縣ニテハ年ミ六百ポンド以上ノ收納アル土地家屋等ヲ有スル者ニアラサレハ選擇セラル、ヿアタハス人員ハ總計六百五六十人在職七年トス又年ミ十ポンド以上ノ收納アル土地家屋或ハ倉庫等ヲ有スル者ハ皆選擇ノ權利ヲ有ス

佛國ノ下院

庶民悉ク代議士トナルノ權利ヲ有スルモノニシテ選擇ノ權利モ亦庶民悉ク之ヲ有ス但シ年齒二十一歳以下ノ者ハ選擇ノ權利ヲ有スルヿ能ハス代議士ノ在職十年トス居民三萬五千人毎ニ一人ノ代議士ヲ選擇ス

普魯士ノ下院

年歯三十ヲ超ユル者ハ皆代議士ニ選擇
セラル、ノ權利アリ總人員三百五十名
在職三年トス○此國ノ選擇法ハ他ノ各
國ト相異リテ選擇士二類アリテ其一ヲ
初選擇士ト稱シ二ヲ後選擇士ト稱ス先
ヲ初選擇士相會シテ後選擇士ヲ選擇ス
ルトキハ此後選擇士亦相會シテ代議士ヲ
選擇スルノ法ナリ之ヲ複選法ト云フ西
班牙及其他日耳曼諸國等此法ヲ用ユ但
シ此選擇法ニ就テハ詳ニ論セサレハ其

埋了解スヘカラストイヘ𪜈能ク此小冊
子ノ盡スヘキニアラス故ニ尚詳カナル
ヿハ立憲政體論ニユヅル

荷蘭ノ下院

庶民悉ク代議士トナルノ權利アリ但シ
年歯三十以下ノ者ハ此權利ヲ有スルヿ
能ハス此官員在職四年ニシテ二年毎ニ
其一半ヲ改選ス人員大約七八十人トス
○直税ノ多寡ヲ以テ此院ノ選擇權利ヲ
限定ス但シ土地ニヨリテ其多寡ヲ定ム

ルモノニシテ都會或ハ其他繁盛ノ地等
ニテハ許多ノ直税ヲ納ムル者ニアラサ
レハ選擇士トナルコト能ハス又僻邑偏土
等ニテハ繁盛ノ地ニ比スレハ寥々ノ直
税ヲ納ムル者ニテモ選擇士トナルコトヲ
得但シ尤モ許多ナルモ百六十ギルテン
一ギルデンハ大約我銀十八匁ニ當ル
ニ過キス尤モ寡少ナ
ルモ二十ギュルデンニ下ル可ラス
○両院ヲ設クルノ法各國此ノ如ク相殊ナリト
イヘトモ皆天下億兆ニ代テ君主ト共ニ憲法ヲ

制立シ大事ヲ議定スルノ權アルハ大抵相同シ
惟獨リ佛國ノ如キハ皇帝ノ威權頗ル熾ニシ
テ立法府ノ權大ニ抑制セラル○各國共ニ此
両院毎年預メ會議ノ日數ヲ定メテ必ス相會
聚ス但シ臨時ニ事起メトキハ君主之ヲ徵シ聚
メテ會議セシムルコトアリ都テ両院ヲ開閉ス
ルハ君主ノ權利ナリ且時アリテハ君主命シ
テ散會セシムルノ權アリ但シ此ノ如キ時ニ
於テハ直ニ又命ヲ下シテ他ノ立法府ヲ選擇
セシメ新ニ會議セシメサルヘカラス○會議

セル事ハ都テ許多人員ノ一決セシ所ヲ採ル
ヲ以テ常法トシテ敢テ僅ミ數輩ノ論議ヲ採
ルヲ許サス但シ時アリテハ仮令衆説ノ一決
スルモノトイヘヒ君主之ヲ不可トスレハ斥
ケテ採ラサルノ權アリ尚詳ナルヿハ立憲政
體論ニユツル

○施政權柄 又行法權柄ト称ス

既ニ君主ト立法府両院ト相共ニ商議シテ制
立セル憲法ヲ施行シ或ハ此憲法ニ則リテ萬
機ノ政ヲナスノ權柄ヲ稱シテ施政權柄又行
法權柄ト云フ此權柄ハ獨リ君主ノ掌握スル
所ニシテ民敢テ之ニ預カルヿ能ハス但シ此
權柄含有スル所ノ職務甚ク一人ノ脩ムヘキ
ニアラス因テ之ヲ數類ニ分チ各其局ヲ置キ
毎局必ス大臣一員ヲ任シ以テ君主ノ輔佐ト
ナス即ナ君主ノ命スル所ナリ且ツ之ニ屬吏數
十百員ヲ加ヘテ各其細務ヲ分掌セシム其分
局各國相同シカラストイヘヒ大約七八類ト
ス即チ外國事務局、國内事務局、軍防事務局或ハ
海陸一軍ノ事務ヲ分テ
二局トノセル國モアリ刑獄事務局ハ刑獄ノ事司律府

ノ司掌スル所ナレ圧君主ノ司掌スル事件亦コレアリ故ニ此局ヲ置ク會計事務局、藩屬地事務局、教育事務局教法及ヒ學術ノ事務ヲ掌ス但シ別ニ教法事務局ヲ置テ學術ノ事務ハ國内事務局ニテ掌スル國アリ百工事務局或ハ別ニ此局ヲ置カスシテ國内事務局或ハ會計事務局ニテ兼攝セル國モアリ等是レナリサレ圧尚十數類ニ分テル國アリ或ハ數局ヲ合併シテ僅ニ四五局ヲ置ケル國モアリテ一様ナラス〇此數局ヲ合シテ輔院ト稱ス此輔院ノ外仍參議院アリ君側ニ侍シテ太政ヲ參議ス亦君主ノ命スル所ナリ〇君主ハ理ニ於テ治國ノ責ニ任スヘシ故ニ其政令

若シ憲法ニ悖戻スルモノアル圧ハ立法府両院其罪ヲ問フハ理ニ於テ固ヨリ當然ナリトスサレ圧亦此事、實ニ行フヘカラサルノ理アリ是ヲ以テ大臣ヲシテ君主ニ代ラシメ都テ各局ノ大臣各其職掌ノ責ニ任スルノ制度ヲ立ツ故ニ若シ其政令憲法ニ悖戻スル者アル圧ハ立法府君主ノ罪ヲ問ハスシテ必ス其事ニ預リテ連署セル大臣ノ罪ヲ問フヿヲ得ルナリ是故ニ施政權柄ハ君主ノ専ラ掌握スル所ナリトイヘ圧必ス大臣ノ許可スル事ニア

ラサレハ敢テ施行スルヿ能ハス尚詳ナルヿハ政體論ニ論ス
○宣戦講和、立約等ノ事ハ皆君主ノ權利ニシテ立法府之ニ預カルヿナシトス

司律權柄

○司律權柄トハ律法ヲ司掌スルノ權柄ヲ云フ蓋シ國家ノ律法ヲ定メ問官ヲ立ルハ人ノ悪念ヲ禁シテ人ノ自脩ヲ許ス所以ナリ故ニ此權柄ヲ以テ立法施政ノ二大權柄ニ並翻シテ別ニ司律一府ヲ置テ之ヲ掌ラシム但シ大中小數院ニ分ツ全國ノ律法ヲ司ル者アリ州内ノ律法ヲ司ル者アリ其他數局アリ各國皆同シカラス○此府ノ官吏ハ惟律法ニ據リテ獄訟ヲ聽断シテ毫モ律法ノ正邪當否ヲ論スルノ權ナシトスサレ𪜈獄訟ノ事ハ余ク此府ニ委托スルモノニシテ君主殆ト之ニ預カラストス惟此府ノ官員ヲ命スルノ權、死罪ヲ許可スルノ權、罪科ヲ宥ムルノ權、其他二三ノ權利、君主ノ掌握スルモノトス

第二 萬民共治

○已ニ論スルカ如ク此政體ヲ立ル所ノ各國ニ

テハ君臣尊卑ノ別ナク凡ソ闔國ノ民人悉ク相會議シテ國政ヲ施スヲ本意トス已ニ往古希臘（ギリシヤ）ノ雅典（アテナ）等此ノ如キ制度ニテ憲法ノ事其他都テ緊要ノ事件ヲ議スルニハ闔國ノ民人悉ク會聚シテ之ヲ定決シ惟日〻ノ庶政ハ別ニ官員ヲ置テ之ニ委托シタリキ即チ萬民共治ノ名起ル所以ナリ但シ此ノ如キ制度ハ雅典ノ如キ極小國ニアラサレハ施スヘカラス又假令ヒ施シ得ベシトスルモ甚タ良制トスヘカラス是故ニ方今此政體ヲ立ル所ノ花旗（メリカ）國及ヒ瑞士（スヰツツル）等其

他多クハ此ノ如キ制度ヲ用ヒス上下同治ノ如ク必ス確然不拔ノ國憲ヲ制立シ亦三大權柄ヲ分テ立法權柄ハ立法府兩院ヲ設ク選擇ノ法ヲ以テ代議士ヲ舉ケ施政權柄モ亦選擇ノ法ヲ以テ有德ノ君子一人若クハ數人ヲ舉テ之ニ委托シ且ツ之ヲシテ天下ノ元首タラシム敢テ門地資格ヲ論セス惟有德才識ノ士ヲ取ルヲ本意トス但シ選擇ヲ得ルノ年齒及ヒ在職ノ年限等必ス定則アリテ期滿レハ又他人ヲ選擇シテ之ニ代ラシム花旗ノ如キハ施

政權柄ヲ掌握シテ牧民ノ責ニ任スル者ヲ統領ト云フ即チ一名ナリ但シ別ニ副統領ト稱スル者一名アリ若シ統領在職中ニ死スルカ或ハ故アリテ退職スル片等之ニ代リテ統領ノ職ヲ繼カシメンカ為メニ預備スル者ニシテ平常ハ上院ノ議長タルノミ偕統領ハ其年齒三十五以上ノ者ニアラサレハ選擇セラルルヿ能ハス其在職ハ必ス四年トナスサレ𪜈衆望歸シテ民其退職ヲ喜ハサレハ延ヒテ八年ニ至ルヲ許ス決シテ八年ヲ超ユルヲ許サ

ス益〻威權ノ專横ニ至ルヲ恐ルヽナリ又瑞士ノ制度ハ之ニ異リテ施政權柄ヲ掌握シテ牧民ノ責ニ任スル者七人アリ共ニ相議シテ天下ヲ治ム之ヲ合議府ト稱ス在職三年トス亦門地資格ヲ論セス惟衆望ノ歸スル者ヲ擧ク○此政體ヲ立ル各國多クハ元來自主ノ數邦ヲ合シテ一國トナセルモノナルカ故ニ其數邦ハ上下同治ノ國ノ州縣ノ如キ者ニハアラス各邦必ス亦政府アリテ邦内ノ政ハ都テ此政府ニテ施行シ惟全國ニ關係スル事ハ全。

國ノ大政府ニテ施行ス蓋シ封建ノ制度ト大
ニ相類スル所アリテ大政府ハ朝廷ノ如ク自
主ノ各邦ハ諸侯ノ如シ是故ニ封建ノ國ニテ
立憲政體ヲ建テンニハ上下同治ノ制度ヨリ
ハ反リテ此政體ノ制度取ル所多カラン○國
憲及ヒ三大權柄大抵上下同治ト小異大同ナ
リトイヘトモ猶左ニ槩論ス

國憲

○大抵上下同治ノ國憲ノ如シ惟政體ノ異ナル
ニヨリテ自ラ小異アルノミ

三大權柄

立法權柄

○大抵上下同治ノ國ノ如ク亦上下二院ニ分ツ
惟其上院ハ大ニ上下同治ノ上院ト相殊ナリ
テ貴族化師豪農富商等ニアラス國內各邦ノ
政府ヨリ各二員ノ代議士ヲ選擇シテ之ヲ上
院ニ送ル蓋シ各邦ニ代リテ國事ヲ議スル者
ナリ但シ下院ハ上下同治ノ國ノ下院ト相殊
ナル事ナク即チ庶民ノ代議士ニシテ亦人口
ニ隨テ選擇ス但シ國中庶民悉ク選擇ノ權利

ヲ有スルモノニシテ決シテ大小貧富ニ從テ
此權利ヲ與奪スル丁ナシ惟此權利ヲ有スル
丁能ハサル者ハ婦女少年狂疾アル人及ヒ刑
ヲ蒙レル人等ノミ○兩院ノ代議士在職ノ年
期及ヒ選擇ヲ得ルノ年齒等必ス定則アリ花
旗ノ如キハ上院ノ官員在職ノ年限六年トス
年齒三十ニ至ル者ニアラサレハ選擇ヲ得ル
丁能ハス又下院官員ハ在職二年ニシテ年齒
二十五以上ノモノニアラサレハ選擇セラル
ル丁ナシ居民十二万四千人毎ニ一人ヲ選擇

スル丁トナス總人數大約二百四五十人アリ
○又瑞士ノ兩院ノ如キモ之ト小異アルノミ
○會議ニテ一決セシ丁トイヘ𪜈統領之ヲ不
可トスレハ斥ケテトラザルノ權アル丁上下
同治ノ君主ニ同シ但シ若シ立法府敢テ之ニ
服セスシテ猶其說ヲ主張スルトキハ再ヒ其事
ヲ議セシメ仍總人員ノ三分ノ二其事ヲ可ト
スレハ統領之ヲ採リテ施行セサルヲ得ス但
シ瑞士ノ合議府ニハ此ノ如キ權ナシ故ニ立
法府ニテ定決セシ丁ハ合議府敢テ其可否ヲ

論セス直ニ施行ス○其他ノ事大抵上下同治ノ
國ノ立法府ト大ニ相殊ナルヿナシ

施政權柄

○一人若クハ數人此權柄ヲ掌握ス即チ花旗ノ
如キハ總領一人之ヲ掌握シ瑞士ノ如キハ所
謂合議府七人之ヲ掌握ス○施政府ノ職務ヲ
分テ數類トナシ各其局ヲ設ルヿ上下同治ノ
國ト大抵相殊ナラス花旗ノ如キハ總領各局
ノ宰相ヲ命シテ其治ヲ輔佐セシム其黜陟獨
リ總領ノ事ニスル所ナリ但シ瑞士ノ如キハ
七局ヲ立テ所謂合議府七人各一局ノ長トナ
リテ其職務ヲ掌リ平常ノ事ハ其長之ヲ處決
シテ施行シ惟少シク常ニ異ナルヿハ皆合議
府七人相議シテ之ヲ定ム但シ七人中首領一
人アリ年々改選ス○上下同治ノ國ニテハ君
主治國ノ責ニ任スルノ實ナキカ如ク必ス大
臣ヲシテ之ニ代ラシムトイヘトモ此政體ヲ立
ル各國ニテハ然ラストス故ニ花旗ニテハ總
領瑞士ニテハ合議府治國ノ責ニ任スルモノ
ニシテ政令國憲ニ悖戾スルモノアレハ立法

府ヨリ其罪ヲ問フヿ當然ナリ○宣戰、講和、立約ノ權利ハ花旗ニテハ紗領ノ掌握スル所ナリトイヘ𪜈獨リ之ヲ專ニスルヿ能ハス必ス立法府ト議セサルヲ得ス但シ瑞士ニテハ此權利全ク立法府ニ屬シテ合議府ハ絶ヘテ之ニ預ルヿナシ

司律權柄

○上下同治ノ國ノ如ク此權柄ハ全ク此府ノ官員ノ委任スル所ニシテ立法府施政府ノ關係スル所ニアラス但シ花旗ニテハ上下同治ノ各國ノ如ク此府ノ官員ヲ命スルノ權利、死罪ヲ許可スルノ權利及ヒ罪科ヲ宥ムルノ權利其他二三ノ權利紗領ノ掌握スル所ナリ但シ瑞士ニテハ合議府此ノ如キ權利ヲ有スルヿ能ハス○其他大抵上下同治ノ國ト大異アルヿナシ

國民公私二權

○君主擅制、君主專治、貴顯專治ノ如キハ天下億兆ヲ以テ君主貴顯ノ私有僕妾トナス僕妾惟其主命是レ奉スルハ理ニ於テ固ヨリ當然ナ

リ故ニ一ノ権利ヲ有スルヿ能ハサルハ敢テ論ヲ俟タス惟立憲ニ政體ノ如キニ至リテハ然ラス天下ヲ以テ君主貴顕ノ私物トナスヿナク所謂天下ノ天下トナス是故ニ其臣民タル者ノ身自ラ権利ノ存スルアリ権利ニ二類アリ一ヲ私権ト称シ二ヲ公権ト称ス私権トハ私身ニ関係スル所ノ権利ニシテ所謂任意自在ノ権ト称スル者是ナリ公権トハ國事ニ預カルノ権利ヲ云フナリ

私権

○私権又數種アリ枚擧スルニ暇アラストイヘトモ其著大ナル者大凡左ノ如シ

○第一生活ノ権利

生活ハ天ノ賜フ所之ヲ奪フモ亦天ニアリ人ノ恣ニ奪フヘキモノニアラス之ヲ人生諸権利ノ基礎トナス蠻夷ノ如キハ人君生殺ノ権ヲ恣ニス臣民ノ権利スラ有スルヿ能ハス況ンヤ他諸権利ニ於テヲヤ惟文明諸邦トイヘトモ重罪ノ刑必ス死ヲ以テス蓋シ已ムヲ得サルニ出ルノ

ミ一千七百年代以太利ノベッカリアト云
フ人死刑ヲ廢スルノ論ヲ發シテヨリ
歐洲ノ碩學鴻儒之ニ左祖スル者多ク已
ニ瑞士ノ合邦ノ内死刑ヲ廢スルモノアリ
恐ラクハ此説ノ後世實ニ用ヒラルヘニ至
ラン尚此説ノ詳ナルコハ政體論ニユヅ
ル

○第二自身自主ノ權利

叨ニ逮捕セラレ肆ニ獄ニ繫カル、等ノ
コナキヲ得ルノ權利ナリ

○第三行事自在ノ權利

惟憲法ノ禁スル外ハ都テ人生諸業其意
ニ任セテ障碍ナキヲ得ルノ權利ナリ

○第四結社及ヒ會合ノ權利

結社ノ權利トハ數人會社ヲ結ヒ衆力ヲ
合セ貨本ヲ湊ノ以テ一人ノ力為シ能ハ
サル事業ヲ為シ得ルノ權利ナリ○會合
ノ權利トハ衆人一地ニ會合シテ或ハ歡樂
ヲ同フシ或ハ相共ニ其利益ヲ謀ルヲ得
ルノ權利ナリ

○第五思、言、書、自在ノ權利

思、言、書、ノ三事悉ク意ニ任スルコヲ得ル
ノ權利ナリ但シ思考ノ自在ハ假令ヒ禁

紂トイヘドモ敢テ禁スルヿ能ハズサレドモ
其思考スル所ヲ自在ニ言述シ或ハ書記
鐫刻シテ公布スルヲ禁スルハ君主擅制
君主専治ノ常ナリ惟其自在ヲ許スモノ
ハ立憲二政體ノ各國ノミ益シ此各國益
開化文明ニ赴ク所以ナリ但シ此權利自
在ナリトテ妄リニ書記スルヲ許スニア
ラス其書記スル所甚タ人心ヲ蠱惑シ治
安ヲ妨害スル等ノヿアレハ記、者必ス其
罪ヲ受ルヿ固ヨリ當然ナリ故ニ記者其

辨解ノ責ニ任スルノ法度アリ

○第六信法自在ノ權利

教法ノ事ハ宗派ニ拘ハラス如何ナル宗
派ニテモ其人ノ意ニ任セテ信仰スルヲ
得ルノ權ナリ但シ中古迄ハ此權利ヲ立
スシテ或ハ古宗ヲ尊ンテ新宗ヲ賤ムル國
アリ之カタメニ屢國亂ノ起リシヿアリ
シユヘ輓近ハ此ノ如キ禁ヲ廢シテ政府
ニテハ少シモ宗派ノ是非善惡ヲ論セス
唯人々ノ意ニ任セテ何ノ宗派ニテモ自

在ニ信仰スルヿヲ得ルノ權利ヲ立タリ
故ニ近今ハ教法ノ為メニ國亂ノ起ルヿ
絶テナシ益シ歐洲ノ開化大ニ進歩シタ
ル所以ナル歟

○第七萬民同一ノ權利

法律各民ノ權利ヲ保護スルヿ同一ニシ
テ門地資格等ニヨリテ絶ヘテ差別ナキ
ヲ得ルノ權利ナリ益シ立憲政體ノ太公
至正一点ノ私ナキヲ視ルニ足ル

○第八各民所有ノ物ヲ自在ニ處置スルノ權
利各民其所有ノ物品ヲ自在ニ處置スル
ヿヲ得テ決シテ他人ノタメニ妨碍セラ
ル、ヿナキノ權利ナリ是故ニ立憲政體
ノ各國ニテハタトヒ罪人ノ家屋物品ト
イヘ圧決シテ没入スルヿナク必ス之ヲ
其妻子親戚ニ與フ蓋シ没入ハ刑罰ト稱
ス可ラス却テ盗賊ノ所業トイフヘシ

其他尚數種アリ政體論ニ擧ク

公權

○公權トハ國事ニ預カルノ權利ニシテ其尤モ

著大ナル者ヲ選擇權利トイフ即チ立法府官
員ヲ選擇スル、權利及ヒ其官員ニ選擇セラ
ル、ノ權利ヲ云フ元来立法府官員ハ天下億
ニ代リテ大政ヲ商議スル者ナレハ億兆
兆皆此權利ヲ有スル丁固ヨリ當然ナリ故ニ
國民貧富大小ノ別ナク悉ク此權利ヲ與ヘヲ
毫モ限制セサル國アリ或ハ數例條ヲ設ケテ
之ヲ限定セル國アリテ一様ナラス但シ仮令
ヒ毫モ限制セサル國トイヘトモ婦女少年狂疾
ノ人及ヒ刑ヲ蒙レル人其他自ラ活計ヲ營ム
丁能ハサル者等ニハ此權利ヲ與ヘサル丁固

ヨリ論ヲマタス○其他諸官ニ任スルノ權亦
元来億兆同一ニ有スル所ニシテ各國多クハ
尊卑大小ノ別ナク惟其才能ニ從テ高卑諸官
ニ登庸ス故ニ賢愚各其所ヲ得ルモノニシテ
天下勞セスシテ治ヲル、但シ亦婦女少年狂疾
ノ人刑ヲ蒙レル人學識ナキ人等ハ固ヨリ登
庸ヲ得ル丁能ハス但シ儘其官職ヲ以テ其品
位ニ特准スルノ國アリ普魯士ノ如キハ將師
ハ獨リ貴戚ニアラサレハ任セラル、丁能ハ
ス然レ圧此制度公明正大ノ事ニアラスシテ

治安ノ道ニ害アリ宜シク厭棄セサルヘカラス。

立憲政體略 尾

正誤

十五丁オ一行 司ル者アリノ下 △縣内ノ律法ヲ司ル者アリ 十一字脱ス

廿四丁オ七行 アリノ下 △又ハ新宗ヲ許シテ古宗ヲ禁スルノ國アリテ 十九字脱ス

廿五丁ウ四行 天下億兆ノ下 △ニ代リテ大政ヲ商議スル者ナレハ億兆 十七字脱ス

發兌

東京室町三丁目
紀伊國屋源兵衛

진정대의

1870

眞政大意

서序

낙책諾冊[01]의 두 신께서 국토를 잉태하여 낳으시고, 사람들을 낳아서 기르심에 천손께서 이를 계승하여 만세萬世토록 이어 오셨다. 그러므로 천하는 천황의 천하요 천하의 천하가 아니니, 이것이 우리나라의 국체國體가 세상 그 어느 나라보다 뛰어나서 비길 데가 없는 까닭이다. 그런데 백성을 잘 돌보아 기르는 방법에 대해서 어찌 신민臣民을 가볍게 여기는 이치만 있겠는가. 신하를 사랑하고 백성을 보호하는 일은 곧 임금의 자리에 있는 자가 더욱 중시해야 할 일로, 신민과 거리를 둔다면 곧 천하는 난을 일으킬 생각을 하게 된다. 그리하여 난신적자亂臣賊子들이 제멋대로 흉포히 굴게 되면 호조(北条)씨[02]와 같

01 「諾」은 이자나기노미코토(伊奘諾尊), 「冊」은 이자나미노미코토(伊奘冊尊)라는 일본신화에 나오는 두 남녀신을 말한다.

은 자들이 나오는 일도 생겨난다. 이것은 자연스러운 시세이니, 옛날의 현명하고 성스러운 황제, 군주들께서 백성들을 이와 같이 대한 까닭이 바로 이것이다.

닌토쿠(仁德) 천황[03]께서 하신 말씀 가운데, "하늘은 백성을 위해 임금을 세운다"고 하셨는데, 이로부터 생각해 보자면 임금을 중시하는 것은 우리나라의 국체로서 하는 것이요, 백성을 보호하는 것은 우리나라의 정체政體로서 하는 것이니, 정체를 밝히는 데 힘쓰는 일은 곧 국체를 유지하는 일인 것이다. 요사이 대학대승大學大丞 가토 히로유키(加藤弘之) 씨가 『진정대의眞政大意』라는 책을 저술하여 서양 여러 나라들의 정체들에 관하여 그 대강을 강술하였다. 혹자는 말하길, 서양 나라들의 국체가 우리나라와 달라서 취할 만하지 않고, 딱히 그 정체가 우리와 부합하는 바가 있는지 알 수 없다고도 하였다. 하지만 무릇 포목 한 필에도 겉과 속이 있어서 우리의 쓸모로써 취할 것인데, 어찌 불가능하다고 할 것인가. 그렇게 말하는 자는 아마도 아직 그 상세한 이치를 깨닫는 데에 이르지 못한 듯하다. 오호라 지구상에 건립된 나라들이 숲의 나무와 같이 많은데, 각각 자기를 사랑하는 마음이 없지 않다. 대개 그 나라를 부유하고 강하게 하는 까닭은 그 밑천을 나누는 데에 있는데, 홀로 우리나라만이 이를 거부하고 받아들이지 않는다면, 이로써 개화문명의 길을 가로막고 저들로 하여금 만국에서 가장

02 가마쿠라(鎌倉) 막부의 싯켄(執權) 직위를 독점하였던 호조(北条)씨 가문을 일컫는다. 이 가마쿠라 시대로부터 천황가는 정치적 영향력을 잃게 되었고, 일본에는 실질적인 무사지배의 시대가 열렸다.

03 일본의 제15대 천황.

뛰어나게 하는 것이니, 이와 같은 퇴안고루退安固陋함이 어찌 신성神聖의 뜻이라 하겠는가. 이를 서문으로 삼고자 한다.

명치明治 3(1870)년 경오庚午 7월

종사위從四位 아키쓰키 다네타쓰(秋月種樹)[04] 지음.

04 막말·메이지 시기의 정치가. 휴우가노쿠니(日向国) 다카나베(高鍋)번의 후사. 귀족원의원, 참여(参与), 메이지천황의 시독(侍読) 등을 지냈다.

자서 自序

어떤 이가 입헌정체인 나라들이 정치를 하는 개칙槪則을 궁금해 하여 강술했었는데, 여전히 같은 것을 궁금해 하는 이가 있을까 해서 그대로 출판하여 세상에 공개하고자 한다.

명치明治 3년 경오庚午 7월 20일

후지와라 히로유키(藤原弘之)[05] 적음.

05 저자 가토 히로유키의 다른 이름. 자서전에서 가토는 자신의 가계가 후지와라(藤原) 씨의 계보로부터 나온 집안이라고 밝힌 바 있다. 加藤弘之, 「經歷談」, 『日本の名著 34 西周 · 加藤弘之』, 中央公論社(1972), 465면.

상권卷上

그대가 나의 졸저『입헌정체략』을 읽었다면 소위 입헌 양 정체의 대강을 알고, 또 그것이 공명정대하여 다른 정체들보다 크게 뛰어난 이유까지 이해하였을 것이지만, 그러나 그것은 다만 제도상에 대한 것일 뿐이다. 애초에 어째서 이러한 나라들에서 정치를 시행하는 방법을 논하였는지에 대해 의문을 갖는다면, 그것은 그야말로 타당한 의문이라 할 것이다. 그런데 원래 국정에는 치법治法과 치술治術의 두 계통이 있어서, 치법이란 소위 치안의 기본인 헌법제도를 말하고, 치술이란 지금 시행하는 치안의 방술方術을 말하는 것으로 본디 두 가지인데,『입헌정체략』에서는 이 치법에 대한 것만을 개론하였던 것이다. 그러나 이 두 가지는 국정을 운영하는 데에서 소위 수레바퀴의 두 축(車輪), 새의 양 날개(鳥翼)와도 같은 것으로, 결코 하나라도 빠져서는 안 되는 것이다. 왜냐하면, 치법이라는 헌법제도가 완전히 갖추어지지 않으면 치술의 기본이 제대로 정해지지 않기 때문에 자칫하면 포악한 정치를 베풀게 되고, 또 설령 제대로 된 치법이 있어도 치술이 졸렬하여 치안을 영위하기에 충분하지 않으면 겨우 제대로 된 치법을 마련한다고 해도 결국 그림의 떡이 되어 행해지지 않게 되기 때문이다. 지금 유럽 남쪽의 나라들, 포르투갈이니 에스파냐니 하는 나라들에는 그 치법이 서지 않았다고는 할 수 없으나, 치술이 대단히 졸렬하여 그것을 운영할 힘이 부족한 탓에 치법도 거의 그림의 떡처럼 되어서 진정한 치안을 얻기에 충분하지 못한 것이다. 또 예의 군주전치의 나라들 가운데에는 그 치술이 완전히 졸렬하지는 않은 나라도 있기는 하나, 중요한 치법이라고 하는 것이 확실하게 서 있지 않은 까닭에 자칫하면 군주의 권위가 지나치게 왕성해져서 결국에는 포악한 정치에 빠지게 되는 경우도 있다. 그러므로 두 가지는 시종 우열이 없이 갖추어져 있지 않고서는 진정한 치안을 얻기에 족하지 않으므로, 우선 부디 이 이치를 몰라서는 안 될 것이다. 게다가 또 치술이 정말로 중요하다는 것은, 본디 치법을 제정하거나 혹은 고치는 일 또한 치술로서, 특히 이것이 치술의 첫 번째 급무라고 할 수 있을 것이다. 그러므로 치법의 좋고 나쁨도 즉 치술의 교묘함과 졸렬함에 관련되는 것으로, 좋은 치법을 제정하는 것은 곧 치술이 훌륭한 것이고, 나쁜 치법을 세우는 것은 즉 그 치술이 졸렬한 것이니, 국가의 안위와 존망存亡은 오로지 치술의 교졸巧拙에 달려 있는 것이다.

그런데 치법과 치술에 대해서는 지금 대강 논한 대로 두 가지가 모두 잘 갖추어지지 않으면 안 되는 것인데, 치법에 대해서는 이미 『입헌정체략』에서 대개 논하였으므로 이제부터는 치술의 대강에 대해 논해 보고자 한다. 그러나 치술이라고 하는 것은 설령 입헌 양 정체의 나라들일지라도 치법처럼 분명히 확정되어 있는 것이 아니고, 많은 경우는 사안과 시기에 따라서 그 마땅함을 정하는 것으로, 오로지 정권을 쥔 자의 지략과 재능에 의하는 것이므로 규칙으로 정해진 바가 분명히 서 있는 치법과 같이 배운다고 해서 곧 알 수 있는 것이 아니다.

그러나 그렇다고 해서 조금도 기초가 되는 규칙이 없는가 하면, 결코 그렇지는 않다. 마치 검도나 바둑과도 같은 것으로, 가령 모모노이(桃井)[06]나 치바(千葉)[07]는 검도의 달인, 혼닌보(本因坊)[08]는 바둑의 명인임에 틀림없으나, 그렇다면 어째서 달인, 명인인 것인가 묻는다면 이런 부분이 달인, 명인인 이유라고 상세하게 대답하기는 매우 곤란하다. 거기에는 말하려고 해도 말하기 어려운 맛이라는 것이 있으므로, 그 문인이 되어 시종 선생의 수법을 살펴보지 않고서는 도저히 알 수 없는 것이기 때문이다. 그러나 그렇다고 해서 검도에도 바둑에도 조금도 정해진 규칙이라는 것이 없이 다만 연습에만 의존하는 것인가 하면, 결코 그렇지는 않다. 모모노이에게는 모모노이의 법칙이 있고, 치바에게는 치바의 법칙이 있으며, 또 혼닌보에게도 마찬가지로, 그들에게는 자기들만의 방식에 따른 규칙이라는 것이 일단은 있기 때문

06 모모노이 슌조(桃井春蔵, 1825-1885). 에도시대 말기부터 메이지시기까지 활약했던 검술가.

07 치바 슈사쿠(千葉周作, 1793-1856), 에도시대 후기의 무사, 검술가. 북진일도류(北辰一刀流)의 창시자.

08 혼닌보(本因坊). 본래 에도시대로부터 내려오는 유명한 4대 바둑가문 가운데 하나이지만, 여기에서 가토가 지칭한 인물은 혼닌보 슈사쿠(本因坊秀策, 1829-1862)라는 에도 시대의 바둑 명인을 가리키는 듯하다.

에, 거기까지는 배워서 알 수 있는 것이다. 치술에도 또한 뛰어난 지식인과 학자들이 각각 연구한 바가 있어서 대강의 사항에 대해서는 대개 일정한 규칙이 있기는 하지만, 그것이 또한 하루아침에 다 논해질 만한 것은 아니므로 여기에서는 다만 이 규칙의 큰 의의만을 논할 것이다. 더욱 자세한 것을 알려면 많은 대가들이 여러 가지로 논한 치술의 책들도 제법 있으므로, 그것을 읽거나 또는 고금의 역사 등에서 영명한 군주나 현명한 재상들의 치술을 천착穿鑿[09]해야 할 것이다.

그러므로 이제 치술의 정칙定則이라고도 할 만한 것을 대강 논하고자 하는데, 거기에서 이 정칙을 배우려면 먼저 첫째로 치국治國의 본의本意라는 것을 아는 일이 중요하니 곧 이것이 치술의 목적이 되기 때문이다. 여기에서 치국의 본의라고 말하면 자못 어려운 것처럼 들리겠지만 결코 어려운 것은 아니다. 그것은 두말할 것도 없이 오로지 안민安民 이외에 아무것도 아닌 것으로, 이 안민만 가능하다면 즉 치국의 본의는 달성한 것이다. 그러므로 치술이라는 것은 오로지 이 안민을 최대의 목적으로 하고, 분명히 이 목적을 달성하기에 충분한 방술이 아니면 안 되며, 실로 그 목적을 이루기만 한다면 그야말로 치안을 영위한다고 말하기에 충분한 것이므로 이와 같은 치술을 곧 진정眞政이라고도 말할 수 있다고 생각한다. 그런데 많은 경우는 이 안민을 목적으로 삼으면서도, 그 치술이 대단히 졸렬하기 때문에 결국 그 목적을 달성하지 못할 뿐만 아니라 도리어 인민을 괴롭히게 되므로, 이러한 정치는 목적상에서 보자면 그다지 이의를 제기할 만한 것은

09 학문을 깊이 연구함.

아니지만 사실은 치안을 영위하기에 충분하지 않으므로 결코 진정이라고 말하기는 어려운 것이다. 게다가 그 목적부터 달라서, 결코 안민하고자 하는 마음이 없이 오직 군주의 위세와 권력을 함부로 사용하여 사사로운 이익을 이루고자 하는 정치라면 그것은 논할 필요조차 없는 것이다.

거기에서 이와 같이 오직 안민을 목적으로 세우고, 이 목적을 달성하기에 충분한 치술을 얻으려고 한다면 우선 첫째로 명심해야 할 중요한 요인이 있다. 가령 의사가 치료를 하는 것은 그 사람을 이전의 건강한 상태로 되돌리는 것이 목적이며, 이 목적을 달성하기 위해서 치료를 시행하는 것이 즉 의술醫術이다. 그러나 그러기 위해서는 우선 병자를 진찰하여 그 병증을 아는 것이 중요한 요건으로, 만일 이 병증을 잘못 안다면 설령 아무리 열심히 치료한다고 해도 아무런 효과를 볼 수 없고, 도리어 쉽사리 나을 수 있는 병자도 결국 죽게 만들어 버릴 것이다. 의술이 용렬한 의사의 치료란 이렇게 실로 두려워할 만한 것이다. 치국 또한 이와 마찬가지여서 치술을 베풀 때에 먼저 반드시 명심해야 할 중요한 요건이 있는데, 그것은 우선 어떠한 것인가 하면 결코 어려운 것이 아니다. 즉 사람의 천성天性과 국가 및 정부가 일어난 이치(天理)를 아는 것으로, 이 두 가지를 모르고서 함부로 치술을 시행하면 자칫 이 인성과 이치에 어긋나게 되는데, 이것은 마치 용렬한 의사가 그 병증을 잘못 파악하는 것과 같은 일로서, 그렇게 해서는 그 목적인 안민이 가능하지 않을 뿐만 아니라 도리어 그로 인하여 의도치 않았던 학민虐民[10]에 빠지게 된다. 그러나 용렬한 의사의 서툰 치료는 그때 잘못하여 그 사람을 죽인다고 해도 수백 명이나 수천 명이 죽음에 이르는 것은 아니지만, 정부가 치술을 잘못하는 것은 결국 백성들을 괴롭게 하는 일이 되므로 실로 세상에 이만큼 무서운 일도 없다. 그러므로 이 인성과 이치를 아는 것이 치술의 가장 중요한 기본이므로 결코 소홀히 해서는 안 되는 것이니, 이제부터 이 점에 대해서 개략적으로 언급하고자 한다.

사람이라는 것은 새삼 더 말할 것도 없이, 하늘(天)이 가장 사랑하시는 것으로, 사람에게만 만복萬福을 내려주신 것도 하늘의 뜻(天意)이고, 모든 몸통의 구성된 방식으로부터 그 정신과 재지才知의 영묘함이라는 것이 결코 여타 금수들과 비슷하지 않다. 게다가 그 천성에는 여러 다양한 정情이라는 것이 있는데, 그중에서도 불기자립不羈自立[11]을 바라는 정이 가장 왕성하여 특히 이것이 일신一身의 행복을 가져올 수 있는 매개가 되는 것으로 보인다. 가령 우리가 스스로 하고자 하는 일을 생각했던 대로 하면 유쾌한 마음이 들지만, 만일 자칫 타인에 의해서 방해를 받게 된다면 즉시 불쾌한 마음이 생기는 것은 누구나가 마찬가지로, 이것은 즉 이 정이 천성에 있다는 확실한 증거이다. 그렇다면 어째서 이 정이 행복을 가져오는 매개가 되는가 하면, 이 정이 있기 때문에야말로 누구나가 힘껏 속박과 억제를 피해서 각자가 스스로 바라는 바에 따라 행복을 얻으려고 힘쓰지만, 만일 이런 정이 없어서 아무리 속박과 억제를 당해도 아무렇지도 않게 생각한다면 도저히 행복을 얻어 내지 못할 것이다. 이 정이 이렇게 훌륭하고 중요한

10 백성을 괴롭히고 학대함.

11 얽매이거나 구속되지 않고 스스로 일어섬. 자유.

것이므로 또한 누구에게나 이 정을 펼칠 권리라는 것이 있고, 사람이라면 모두 귀천, 상하, 빈부, 현우賢愚[12]의 차이에 관계없이 결코 타인으로 인해 속박되거나 억제당하지 않고 자기 한 사람의 몸에 대한 것은 모두 스스로 바라는 대로 할 수 있는 것이므로, 거기에서부터 오늘날 교제상에 필요한 다양한 권리가 생겨나는 것이다.

그러나 이렇게만 말하면 사람은 선악에 관계없이 불기자립의 정을 어느 정도 함부로 펼쳐도 괜찮은 것처럼 생각하게 되겠지만 결코 그런 것은 아니다. 조화造化라는 것은 실로 기기묘묘해서, 정과는 또 다른 하나의 훌륭한 성性을 사람에게 부여하였는데, 그것이 또 무엇인가 하면 이른바 인의仁義, 예양禮讓, 효제孝悌, 충신忠信 등과 같은 것들로, 사람에게는 반드시 이러한 마음이 있기 때문에 사람들이 오늘날의 교제상 각각 다할 바 본분이라는 것이 있으니, 절대로 자기 혼자만 좋으면 무엇이든 마음대로 해도 된다는 것이 아니다. 자기에게 권리가 있으면 타인에게도 또한 똑같이 권리가 있다. 그렇다면 결코 자기 권리만을 함부로 주장해서는 안 되고, 반드시 자기 본분을 다하면서 타인의 권리까지도 함께 존중하며 감히 막거나 해를 입하지 않도록 하지 않는다면 그것이 사람으로서의 도리가 아니라는 것은 분명한 이치일 것이다. 이와 같은 이치로부터 각자가 자기의 본분을 다함으로써 타인의 권리를 경중하는 일은 즉 의무라고 말할 수 있는 것으로, 사람이라면 결코 잠시라도 잊어서는 안 되는 일이다.

그렇기 때문에 오늘날의 교제에는 반드시 이 권리와 의무의 두 가

12 현명함과 어리석음.

지가 실로 빠뜨릴 수 없는 것으로, 권리와 의무가 함께 맞물려서 진정한 권리도 되고 의무도 되는 것이다. 만일 하나라도 빠진다면 권리도 진정한 권리라고 말하기에 충분하지 않고, 의무도 진정한 의무라고는 말할 수 없다. 그런데 앞에서도 말했던 것처럼, 사람의 천성에는 반드시 불기자립을 바라는 정과 자기의 본분을 다하여 타인의 불기자립을 존중하는 두 가지 마음이 갖추어져 있는데, 이것이 실로 기기묘묘한 조합방식으로 어쨌든 대단히 어려운 것이어서, 자칫하면 사람들이 서로가 그 본분을 다하면서 타인의 권리를 경중하는 마음을 잃어버리고 자기 혼자 불기자립의 정에 따라 함부로 굴기 십상인 것이다. 그렇게 되면 강자가 언제나 약자를 능멸하고, 큰 것은 언제나 작은 것을 쓰러뜨리게 되어서, 오늘날 시행되는 교제상의 도리라는 것이 결코 세워질 수 없다. 그리고 오늘날 교제상의 도리가 서지 않으면, 사람들이 행복을 구하고 그 삶을 편안하게 하는 일도 결코 불가능해질 것이다.

이것이 앞에서 치술을 시행하는 데 있어서는 첫째로 먼저 인성을 알지 않으면 안 된다고 말한 까닭으로, 원래 국가와 정부가 생겨난 것도, 백성들을 통일하여 뭉치게 하지 않고 사람들 각각의 생각들만으로는 도저히 권리와 의무 두 가지가 함께 행해지면서 각자가 자신의 행복을 추구할 수 있는 토대가 서지 않는다는 자연의 도리가 첫 번째 근원根元이 되어서 생겨난 것이다. 그러므로 원래 불기자립하여 타인의 제어制馭를 받을 리가 없는 인민일지라도, 위와 같은 도리로부터 정부의 신민臣民이 되어 그 제어만큼은 반드시 따라야 하는 것이다.

그렇지만 이 제어도 결코 정부로 인해서 속박되거나 부림을 당하는 것이 아니라, 다만 통일하고 뭉치기 위해서 그 제어를 받아들이는 것이다. 그러므로 앞에서 말한 사람들 상호 간의 권리, 의무 이외에 정부와 신민 사이에도 역시 상호간에 권리와 의무의 두 가지가 생겨나게 되는 것이다. 이것은 곧 하늘의 이치(天理)에 따라 그렇게 되는 것이므로, 이와 같은 사람의 천성과 하늘의 이치에 기초하여 치술을 행하지 않는다면 앞에서 말한 진정의 목적으로서의 안민은 결코 불가능해져서, 가령 용렬한 의사가 병증을 오인하여 병자를 죽이는 것이나 마찬가지 상황이 되어 마침내 마음에도 없이 백성을 학대하게 되는 것이다. 그렇다면 이러한 사람의 천성과 하늘의 이치에 따라서 치술을 행한다는 것은 어떻게 하는 것인가에 대해서는 뒤에서 점차 논하고자 한다.

지금까지 사람의 천성으로부터 국가와 정부가 일어나는 이치를 개략적으로 논하고, 이러한 사람의 천성과 하늘의 이치에 따라서 치술을 행하지 않으면 안 된다고 하는 점에 대해 언급하였으므로, 이제부터는 이 치술을 시행하는 방법에 대해서 개략적으로 말하려고 한다. 앞에서 종종 말했듯이 사람들의 교제상에서는 권리와 의무의 두 가지가 함께 행해지지 않는다면 인민이 행복을 얻고 그 삶을 편안하게 할 토대를 세울 수 없으므로, 먼저 치술이 가장 중요한 급무로 삼는 것은 오늘날 사람들 상호 간에는 물론, 정부와 백성들 사이에도 또한 이 두 가지를 함께 잘 시행하게 해서 백성들이 각자 타인의 억압이나 해를 입지 않고, 백성들의 생명과 권리와 재산의 세 가지를 보호하는 것이다. 그렇다면 권리와 의무의 두 가지가 서로 잘 시행되게 하려면 어떻게 하면 되는가 하면, 우선 첫째로 헌법을 제정하는 것이 중요한 일이다. 헌법이란 정부와 백성들과의 사이 및 백성들 상호 간에 피차가 서로 자기의 본분을 다하며 다른 이의 권리를 존중하도록 하고, 또 각자가 자기의 권리를 안전히 보호하여 다른 이로 하여금 억압과 해를 입는 일이 없도록 서로 간에 여러 가지 규율을 정하자고 한 것으로, 간단히 말하자면 곧 권리와 의무의 규율을 두어서 이 두 가지가 서로 병행되도록 하기 위해서 만든 것이다.

그렇게 하면 정부에는 정부의 권리와 의무가 있고, 신민에게는 신민의 권리와 의무가 있으며, 또 신민 상호 간에도 권리와 의무의 두 가지가 있어서 결코 서로가 자신의 권리를 억압받거나 해를 입을 우려가 없고, 또 다른 이의 권리를 억압하거나 해를 입히는 폐단이 없어지는 것이다. 그런데 헌법에서 피차 상호 간의 권리와 의무라는 것은 여러 가지로 다양해서 일일이 열거할 수는 없지만 그중에서 일반적인 권리와 의무의 두세 가지 예를 들어보자면, 가령 정부의 권리에는 첫째로 신민을 제어하여 그 명령에 복종시킬 권리, 또는 천하의 공비公費[13]를 거두기 위해서 신민으로부터 조세를 취할 권리, 혹은 천하가 위험에 처했을 때에 신민을 모두 병사로 삼아서 방어를 시킬 권리 등과 같은 것들, 또 그 의무로는 신민의 생명, 권리, 재산을 보호할 의무, 또는 천하에 공동의 이익을 일으키고 공동의 해악을 제거하는 데에 종사할 의무, 혹은 천하를 위해서 내환內患[14]와 외구外寇[15]를 막을 의

13 공공의 자금.
14 내부의 혼란, 근심.
15 외부로부터의 침입.

무 등과 같은 것들이 있다. 또한 신민의 권리라고 하면 정부의 보호를 받을 권리, 혹은 천하의 공동의 이익을 함께 향수할 권리 등이 있고, 또 그 의무로는 정부의 제어를 따라서 그 명령에 공순할 의무, 혹은 정부의 비용을 걷는 데에 자기의 재산을 나누어 조세를 납부할 의무 등과 같은 것이 있다. 또한 신민 상호 간의 권리에 대해서 한두 가지 예를 들어서 말하자면, 가령 갑이 을에게서 돈을 빌리면 갑에게는 이를 갚을 의무가 있고, 을에게는 이를 받을 권리가 있다. 또 정이 병의 종복從僕이 되면 정에게는 병의 지휘를 받을 의무가 있는데, 그 대신에 다시 병으로부터 봉급을 받을 권리가 있고, 거꾸로 병은 정을 사사롭게 사역할 권리가 있지만 또한 그 대신에 정에게 봉급을 줄 의무가 있다. 이와 비슷한 형태로 이외에도 여러 가지 권리와 의무라는 것이 있어서 모두 이렇게 규칙이 될 것을 확정하는 것을 일컬어 즉 헌법이라고 하는 것이다.

이것이 바로 『입헌정체략』에서 논한 세 가지 권병權柄 가운데에서도 특히 입법권병과 사율권병이 중요한 까닭으로, 이와 같은 헌법을 정해서 세우는 것은 모두 입법부의 직장職掌[16]이고, 또 이 헌법을 세우고 난 후에 지금 행해지는 교제상의 모든 일에 관한 시비곡직是非曲直[17]을 판단하고 정하는 것이 소위 사율부의 직장이므로 즉 권리와 의무가 서로 행해지게 되도록 신민의 생명과 권리 및 사유재산의 세 가지를 보호하는 것은 오직 이 두 가지 권병이 관장하는 것이다. 또 여

16 맡아 하는 바. 직무, 권한.

17 옳고 그름.

기에서 헌법이라고 하는 것에도 여러 가지가 있어서, 정부와 신민 간의 권리와 의무에 관한 규율을 정하는 헌법을 국법이라고 하고, 또 신민 상호 간의 권리와 의무의 규율을 정하는 헌법을 민법이라고 하며, 그 외에 형법, 상법 등 여러 가지가 있지만, 모두 반드시 앞에서 말한 권리와 의무의 규율 이외의 것이 아니어서, 모든 입헌정체의 나라들에서는 이와 같이 입법, 사율의 두 가지 권병이라는 것을 시정권병의 바깥에 세워서 오직 나라의 군주만이 이를 함부로 행하는 폐해를 방지하는 것이다. 특히 입법권병이라는 것은 이전에 입헌정체략에서도 논하였듯이 실로 중요한 권병이므로, 반드시 천하 백성들을 대리하는 대의사代議士[18]라는 것을 공선公選하게 하여서 이를 입법부의 관원으로 삼고 군주와 이 관원들이 함께 입법권병을 관장하는 제도를 세운 것이다. 그러므로 헌법제도를 수립하는 일에 관해서는 결코 나라의 군주가 함부로 하지 않고 반드시 천하의 공론에 기초해야 하는 것이며, 또 사율권병도 앞에서 말하였듯이 중요한 것이므로 오로지 군주의 손에만 두었다가는 자칫 폭학에 빠지는 폐해가 있을 수 있음을 우려하여 이 역시 따로 하나의 부를 두어서 군주라도 대개는 관여하지 않도록 한 것이다. 즉 바로 이것이 앞에서 말한 권리와 의무의 두 가지가 완전히 함께 행해질 수 있는 까닭이며, 실로 이로부터 소위 생명, 권리, 사유재산의 세 가지를 보호하는 것을 다하였다고 말할 수 있는 것이다.

그런데 앞에서 말하였듯이, 입헌정체의 나라들에서는 반드시 먼저

18 의사를 대신하는 정치인. 현재의 국회의원.

헌법이라는 것을 첫 번째 기본으로 하고 있어서 정말로 이를 중요시하는 것으로, 이미 앞에서도 치법을 제정하는 일이 치술의 일대 급무라고 말한 것은 즉 이런 이유에서이다. 그런데, 다른 정체의 나라들에서는 이와 크게 달라서, 이미 『입헌정체략』에서도 대강 논한 대로 특히 군주천제의 나라들에서는 천하의 백성들이 군주의 사유복첩私有僕妾이라는 주장 때문에 그 신민된 자는 국가의 일에 대해서는 물론, 자기 자신의 일에 관한 것이라도 자유롭게 처치하는 일이 결코 불가능하여 소위 불기자립의 권리라는 것이 조금도 서지 않으니 선악사정善惡邪正을 막론하고 다만 그 명령에 따르지 않으면 안 되는 것이다. 그러므로 이런 나라에서는 첫째로, 정부와 시민과의 사이에 권리, 의무 등이 있다는 주장이 있을 리가 없다. 이것은 실로 앞에서 말한 인성·천리에도 완전히 어긋나는 일로, 천하의 백성들을 위해서 일개 군주가 있는 것이 아니라 도리어 일개 군주를 위해서 천하의 백성들이 존재하는 것이 된다. 진실로 한심한 도리가 아닐 수 없다.

그런데 이렇게 말하고자 하면 혹은 이를 비난하는 자가 있어서, 백성들을 위해서 군주가 있다고 하는 것은 다른 나라의 국체로, 결코 우리 황국의 국체는 아니라고 말하기도 한다. 황송하옵게도 황국의 경우는 이자나기노미코토(伊邪那岐命)[19]께서 그 자손이신 스사노오미코토(須佐之男命)[20]에게 말씀하시길 "그대는 바다를 다스리라"고 명하시

19 일본신화에 등장하는 남성신(男性神)의 이름.

20 일본신화에 등장하는 신으로, 『고사기(古事記)』에 따르면 이나자기의 코에서 나왔다고 하고, 『日本書紀』에 따르면 이자나기와 이자나미 사이에서 태어났다고도 함.

고, 또 아마테라스 오오미카미(天照大御神)[21]의 후손 니니기노미코토(邇邇芸命)[22]에게 말씀하시어 "도요아시하라미즈호노쿠니(豊葦原水穂国)[23]는 나의 후손이 대대로 다스릴 나라이다. 그대 천조대신의 후손에게 명하노니, 평탄하고 안락하게 나라를 다스리고 이것이 태양신 후손의 황위임을 알려서 운운…"이라고 하였으니, 이는 천지天地가 있는 한 황국을 천손의 나라(御国)로 정하신 연유이므로 외국과 같이 백성들을 위해서 군주가 있는 것이 아니라 도리어 군주를 위해서 백성들이 있는 것이니, 이것이 곧 황국이 가장 고귀한 까닭이자 다른 나라들의 국체 등과는 천지현격의 차이가 있다고 말하는 것이다.

그러나 그것은 잘못된 생각이다. 왜냐하면, 원래 황국은 천신천조天神天祖의 말씀에 의해서 영원히 천손의 나라라고 정하신 것이므로 황통이 만고토록 일성一姓[24]으로 이어진다는 것에 대해서는 굳이 논할 필요도 없지만, 원래 그 천신천조께서 그렇게 정하신 것은 곧 특히 백성들을 사랑하시고 어여삐(愛憐) 생각하시는 마음에서 나온 바로, 방금 예를 든 저 조칙 가운데에서도 그 확증을 찾을 수 있다. 그렇게 보자면 즉 백성들을 위해서 군주를 두게 하신 것이지 결코 군주만을 위해서 백성들이 있다고 하는 것이 아니다. 그렇다면 그 확증이라고 하

21 일본신화에 등장하는 태양신으로, 일본 황실의 조상신.

22 일본신화에 등장하는 신. 본래 다카마가하라(高天原)에 살고 있다가 아마테라스의 명령을 받아 지상세계에 해당하는 도요아시하라로 내려왔는데, 이를 천손강림(天孫降臨)이라고 한다.

23 갈대가 우거진 평원의 나라라는 뜻으로, 다카마가하라와 요미노쿠미(黃泉國) 사이에 위치하고 있다. 진무천황기(神武天皇紀)에 나오는 일본의 미칭(美稱).

24 하나의 성씨(姓氏). 혈통의 연속성을 의미함.

는 것은 무엇인가 하면, 천조대어신께서 천손에게 내린 조칙에, "그대 천조대신의 후손에게 명하노니, 평탄하고 안락하게 나라를 다스리고 운운(汝皇御孫命いでまして, 安国と平らけく安らけく, 云云)"이라고 하신 말씀은, 간략히 말하자면 천손황국의 군주가 되신 이상은 영원히 황국을 안락하고 태평하게 다스리시라고 말씀하신 조칙인 것이다. 즉 억조창생億兆蒼生[25]을 위해서 군주를 하늘로부터 내려 보내신 것이라는 점에는 조금의 의문도 제기할 데가 없으며, 특히 또 인황人皇[26]의 세상에 이르러서도 닌토쿠(仁德) 천황의 조칙에 "하늘이 임금을 세운 것은 백성을 위함이다. 그러므로 임금은 백성을 그 근본으로 삼는다"고 말씀하신 바도 있으니, 이로써 세상의 온 백성들을 위해서 군주가 있는 것이지 결코 일개 군주를 위해서 세상의 온 백성들이 존재한다고 하는 도리가 아니라는 점은 실로 명료하다. 그러나 단지 황국이 세상의 여타 나라들에 비해 탁월한 연유는, 이 조칙대로 수억만 년이 지난 지금에 이르기까지 황통의 일성이 결코 다른 성姓을 받들어 군주가 되는 일이 없었던 것으로, 실로 이보다 귀한 일은 없을 것이다.

그런데 이야기가 잠시 옆으로 샜는데, 여기에서 군주천제는 이처럼 실로 미워할 만한 정체이지만, 또한 군주전치의 정체라는 것은 천제보다는 약간 개화한 정체로, 헌법제도도 완전히 없지는 않기 때문에 군민 간에도 원래 권리, 의무의 두 가지가 없는 것은 아니다. 그러

25 만백성.

26 하늘에서 내려온 천자의 자손이 지상에 정착한 이후, 즉 진무천황(神武天皇) 이후로 이어지는 천황들.

나 역시 천하의 백성들은 한 군주의 사유복첩이라는 주장이므로 신민의 권리라는 것도 단지 사적인 일에 관계할 수 있는 권리가 불충분하나마 있는 것일 뿐, 본디 이른바 공권公權이라 하여 국사에 참여할 권리 등은 조금도 없는 것이다. 그러므로 헌법이라고는 하지만, 앞에서 말한 것처럼 입법부와 함께 정하여 만든 제대로 된 것이 아니라, 말하자면 겨우 군주의 사사로운 법(私法)에 지나지 않기 때문에 모든 신민들은 나랏일에 대해서 단지 군주의 명령만을 받들지 않으면 안 되는 것으로, 군주의 권리가 저절로 지나치게 강대해지므로 역시 군주와 인민 사이에서 권리와 의무의 두 가지가 잘 행해지게 된다고는 말할 수 없다. 이처럼 도저히 안락한 생활의 토대가 제대로 갖추어지지 않으니 진정한 치안을 이루기에는 매우 불안하다. 이렇기 때문에 이와 같은 정체를 세운 나라들의 치술이라는 것은 많은 경우 앞에서 말한 안민을 목적이라고 내세우더라도 어쨌든 잘 되지 않는 연유로, 이것이 바로 치술의 일대급무는 우선 헌법을 확립하여 권리, 의무가 상호 간에 행해지도록 하는 것이라고 말한 까닭이다. 설령 아무리 안민을 이루고자 하는 뜻이 두텁더라도, 이 일대급무를 제쳐두고서는 도저히 그 목적을 이룰 도리가 없는 것이다.

『순자』에 이르길, "다스리는 사람은 있지만 다스리는 법(法)은 없다(有治人 無治法)"고 하였고, 또 "법은 다스리는 일의 시작이며, 군자君子는 법의 근원이다.(法者治之端也 君子者法之原也)"라고 하였다. 이것은 매우 그럴듯한 말씀이기는 하지만, 요행히 명석한 군주와 현명한 재상만 있다면 법이 없어도 괜찮겠으나 일단 포악한 군주(暴主)와 간악한 신하(姦臣) 역시 많은 까닭에 이 헌법이라는 것이 더욱 중요해지는 것으로, 헌법만 똑바로 세워진다면 포악한 군주와 간악한 신하도 저절로 법이 없는 나라에서처럼 함부로 구는 일만은 불가능해지니 어쩔 수 없이 이 법에 의거하지 않으면 안 되게 된다. 그렇게 보면 법이라는 것은 저절로 포악한 군주도 명석한 군주가 되게 하고, 간악한 신하마저도 현명한 재상이 되게 하는 근원이니, 소위 다스리는 일(治)의 시작인 법이 또한 다스리는 일의 근원이 되기도 하는 것이므로 부디 단지 현명한 군주가 다스리기(治人)만을 기다리면서 법으로 다스리는 일(治法)을 소홀히 하는 것은 큰 잘못이라고 생각된다.

앞에서 말하였듯이 헌법이라는 것을 세우지 않고, 보호의 도리를 분명하게 하지 않으면서 무엇이든 그 당시 군주의 뜻대로만 할 때에는, 때마침 명석한 군주가 나왔을 경우라면 매우 좋기도 할 것이다. 다만 지금 말한 대로 명석한 군주라는 것이 거의 없고, 자칫 포악한 군주가 나와서 홀로 그 권위를 떨치며 멋대로 자기 일신의 욕심만을 부려 생민의 고혈을 빨아들이게 된다. 또 어리석은 군주가 나왔을 때에는 간신과 탐리貪吏가 때를 만나 군주의 명령을 빙자하여 함부로 사욕을 부리면서 종종 가혹한 정치를 펼치게 되는 것으로, 이래서는 도저히 백성들이 행복을 추구하고 그 생애를 편안케 하는 일이 가능할 리가 없다. 실로 이와 같은 나라에 태어난 인민만큼 불행한 일은 없을 것이다. 인정仁政과 폭정暴政이라는 이 두 가지 정치의 경계라고 하는 것도 오직 이 보호의 유무에 달려 있는 것으로, 헌법이라는 것이 분명히 서서 보호의 도리가 확실하기만 하다면, 그 밖의 일은 정부에서 조금 게을리한다 해서 그로 인해 민심이 크게 이반하게 되는 것과 같은 일은 없을 것이다. 유자劉子[27]가 "천하의 해害를 없애는 것을 인仁이라고 한다"고 하였는데, 실로 감복할 만한 논의이다.

지금 인도 주변에는 영국을 비롯하여 그 외에도 구주 각국의 속국이 많이 있는데, 그 토착민이 시종 그 지배받기를 좋아하여 결코 독립하고자 하는 생각이 없다고 한다. 이것도 예전에 완전히 속국이 되지 않았을 때에는 국군國君의 정치가 포악하고 순리에 어긋나서 종종 그 신민을 보호하기는커녕, 도리어 오직 사욕을 멋대로 부리고 생사여탈을 함부로 하였기 때문에 신민이 실로 이를 원망하고 있던 터였다. 여기에 때마침 구주가 이 나라들을 속국으로 삼고부터는 우선 첫째로 신민의 보호에 있는 힘을 다하였으므로 예의 안생安生의 토대가 분명해지게 되면서 크게 그 정령을 기꺼워하고, 만일 이후에 독립이라도 하게 되면 역시 이전처럼 포악한 정치에 괴로워하게 될 것이라고 걱정하게 되면서 사실상 속국의 처지를 감내하게 된 것이다. 어쨌든 어리석은 인민들(愚民)은 명의名義니 조리條理니 하는 것은 조금도 알지 못하기 때문에 속국이 되었건 뭐가 되었건 다만 거기에 안주하여 자기 생명을 지키는 일만 가능하다면 감사히 마음으로부터 복종하는 것이므로, 정부로서는 부디 이 도리를 알고서 어떻게든 민심을 잃는 일이 없도록 마음을 쓰지 않으면 안 된다. 이것이 소위 『상서尙書』[28]에서 "민은 본래 그리워하는 이가 없고, 인이 있는 사람을 그리워한다(民罔常懷, 懷于有仁)"고 하며, 또 "나를 보듬는 이가 임금이요, 나를 해치

27 중국 남북조(南北朝)시대 남조의 양(梁)나라 유주(劉晝, 514-565)의 저서를 가리킨다. 《신론(新論)》《유자신론(劉子新論)》《유자(流子)》라고도 하며, 모두 10권으로 이루어져 있다.

28 서경(書經)의 다른 이름.

는 이가 원수다(撫我則后, 虐我則讎)"(泰誓下)라고 말하는 연유로, 이 '인이 있는 사람(有仁)'이라거나 '나를 보듬는 이(撫我)'라고 하는 것도 곧 우선은 보호의 도리를 다하여 그 안생의 토대를 마련하는 것이 제일이라는 것이다.

그러나 이와 같은 것은 모두 군주를 위해서 삼가 아뢰는 것으로, 감히 신민이 구실로 삼을 만한 것이 결코 아니다. 또 앞에서도 언급한 대로 우리 황국의 경우는 천손께서 하늘로부터 내려오신 이래로 그 황통이 천지와 함께 끊임없이 이어진 나라로 결코 이러한 근심이 있을 리가 없지만, 한토漢土[29]를 비롯한 외국들은 원래 천손이 하늘로부터 내려오셔서 제왕이 되신 것이 아니어서 본래 건국의 근본부터 다르기 때문에 자칫 역성혁명이 있어 천하 백성들의 바람이 돌아가는 인자한 이(仁人)가 군주가 되는 것이므로, 실로 군주의 계율이 신중하지 않을 수 없는 것이다. 그러므로 앞에서 말한 것처럼 인자함과 포악함(仁暴)이 서로 갈리는 경계는 첫째로 인민에 대한 보호가 미치는지 미치지 않는지에 있으므로, 부디 정부로서는 이를 등한시해서는 안 된다. 설령 그 마음이 아무리 절실하게 안민을 바랄지언정, 이 보호의 도리를 방치하고 다른 일에 종사한다면 그 본말과 완급을 그르치는 것으로 결코 진정한 다스림(眞治)이 불가능한 것이다.

한토는 일찍부터 개화로 나아갔던 나라로 그 정치와 교법이 모든 면에서 빈틈이 없음은 새삼 말할 것도 없는데, 특히 군신 간에서 '의義'라는 것을 제일로 중시한 점 등은 실로 감복할 만하지만, 애석하게

29 중국을 가리킴.

도 단지 '의'만을 강조하고 예의 '권리權利'라는 것을 분명히 정하지 않는 풍속이 있으므로, 자칫 폭군 등이 나와서는 신민에게만 자기에게 '의'를 다할 책임을 요구하고, 자기는 도리어 신민의 권리를 억압하고 해치는 것을 아무렇지도 않게 생각하게 된다. 이것이 즉 권리라는 것을 세우지 않은 유폐流弊로서, 입헌정체의 나라들처럼 정부에는 정부로서의 권리와 의무, 신민에게는 신민으로서의 권리와 의무가 모두 확실히 정해져 있는 곳에서는 설령 폭군이 나왔다고 한들 정부가 자기 의무를 다하지 않으면서 신민에게만 의무를 요구하는 것과 같은 일은 불가능하다. 신민에게도 마찬가지로 권리라는 것이 있으므로 만일 정부가 그 의무를 다하지 않을 때에는 반드시 앞에서 말한 입법이라는 것으로부터 정부의 처사를 바로잡을 수 있는 것이다.

그런데 여기서 잠시 이야기가 복잡해지지만 먼저 한 가지 언급해 두고자 한다. 이미 『입헌정체략』에서도 언급한 대로, 입헌정체의 나라들에서는 정부에 대한 신민의 권리에는 공권公權과 사권私權의 두 가지 도리가 있고, 특히 사권 가운데에도 중요한 것은 만민동일萬民同一의 권리라고 하는 것인데, 이는 천하의 모든 백성들이 귀천존비, 빈부대소의 차별 없이 헌법상에서는 모두 동일한 신민이므로 모두 함께 동일한 보호를 받을 권리로, 이 제도에는 필부필부匹夫匹婦[30]라도 진신귀개縉紳貴介[31]와 조금의 차이도 있을 수 없다. 그러므로 천하의 인민이 모두 서로가 자유롭게 자기 일을 영위하면서 결코 타인으로

30 평범한 남녀. 일반 백성.

31 지체높은 관리와 신분이 높은 사람.

인해 제한을 받는 일이 없으니 그야말로 보호의 도에 빈틈이 없게 되는 것이므로 소위 사람들의 불기자립을 분명하게 하는 데에는 이보다 중요한 것이 없다. 실로 이 권리가 없이는 일시동인一視同仁[32]의 정치라고는 말할 수 없는 것이다. 그런데 다른 정체의 나라들에서는 이 권리가 서지 않아서 진신귀개에게만 특별히 정한 권리라는 것이 있으니, 서민과는 완전히 인종이 다르다고 할 수 있을 정도로 그 권리가 다르기 때문에, 진신귀개가 서민을 다스리는 것이 거의 가축 다루듯이 하고, 심지어는 자칫 하루아침의 분노를 참지 못하여 함부로 살육하는 등의 일이 있어도 이런저런 이유를 들어서 결코 죄를 받지 않고 거기에서 그치니, 도리어 경우에 따라서는 살인이 빈번해지기마저 할 정도이다.

유럽 각국에서도 중세시대에 개화가 아직 진전하지 않았을 무렵에는 제법 이와 같은 일이 있기도 하였다. 특히 옛날의 인도나 이집트에는 카스트라고 하여 국민의 품종이 몇개 등급으로 나뉘어 있었는데, 가령 인도에서는 바라몬(프라푸마나 = 승려), 샷치리아(크샤트리아 = 왕족, 무인), 히사(바이샤 = 평민), 주다라(수드라 = 노예)의 네 등급으로 나뉘었다. 저 석가釋迦와 같은 이가 즉 바라몬의 품종(실은 크샤트리아)인데, 이 바라몬의 선조는 천신의 입에서 태어났고, 두 번째 샷치리아의 선조는 천신의 팔에서 났으며, 또 세 번째 히사, 네 번째 주다라 등의 선조는 천신의 발 부분에서 태어났다고 하였다. 그러므로 자연히 존비양천이

32 모두를 평등하게 보아서 똑같이 사랑한다는 의미.

있다고 하는 주장이 되어서, 가취嫁娶[33]는 물론 오늘날의 교제까지도 같은 등급 이외에는 대개 하지 않을 정도이므로, 아래 등급일수록 권리가 적고, 위의 등급을 위해서는 실로 가축이나 마찬가지로 혹사당했던 것인데, 이런 일들은 대단히 천리에 반하는 것이므로 이래서는 도저히 진정한 정치가 이루어질 수 없는 것이다. 그 밖에 옛날 유럽에는 천노賤奴[34]라는 것이 있어서 일찍이 그리스 등에서는 석학들조차도 이와 같은 자의 존재를 당연한 천리로 인정하고, 천노에게는 천신天神이 일반적인 사람의 반 정도의 지혜와 재능만을 부여하였다는 등의 주장을 내세울 정도였으므로, 실로 가축과 마찬가지로 사역되고 함부로 매매되거나 혹은 살육되기도 하였는데, 그 후에 점차 문명화하게 되면서 점차 이런 일들이 천리에 반한다는 논의가 생겨나게 됨에 따라 이 천노를 서민으로 부르고 거기에 걸맞은 권리를 부여하게 되었던 것이다. 그러나 아메리카에서는 최근까지도 흑인노예라고 부르는 아프리카인종의 천노가 있었는데, 지금으로부터 7, 8년 전에 이 천노를 서민으로 할 것인지를 두고 남북 양쪽 간에 전쟁이 일어났고, 결국 이들을 서민으로 하지 않으면 안 된다고 하는 주장을 내세운 북부쪽이 승리를 거두게 되면서 점차 이 천노가 인간과 같은 권리를 얻게 되었으니, 그야말로 더할 나위 없는 훌륭한 일이었다고 하겠다.

그러나 우리 황국에는 태고로부터 이와 같은 것이 없었으니, 이는 실로 우리 황국이 만국 가운데 가장 뛰어난 연유라 할 것이다. 그 밖

33 장가들고 시집감.

34 비천한 종. 노예.

에 유럽에도 귀천존비의 품등品等이라는 것이 있어서 혹은 교화사教化師[35], 귀족, 도인사都人士[36], 향민鄕民[37]과 같이 네가지 등급을 두는 나라도 있고, 혹은 귀족, 도인사, 향민의 세 등급을 세운 나라도 있으며 그 외에도 여러 가지로 다양하다. 또 그 한 등급 안에도 소수 등급이 있어서 이미 영국 등에서는 귀족들 가운데에도 다섯 등급으로 나누는데, 이것은 앞에서 설명한 인도나 이집트 등의 품종品種과는 달라서 서로 인종이 다른 것만큼 크게 차이가 나는 것은 아니라고 하지만, 그러나 중세봉건의 시대에는 귀족의 권위라는 것이 대단히 왕성하여 위로는 나라의 군주마저도 능가하고, 아래로는 도시민이나 향민들을 함부로 학대하기도 하였는데, 그 후 점차 지식이 열리게 되면서 점차 귀족의 권위가 쇠퇴하고, 결국에는 봉건의 제도도 무너지게 되어 마침내 지금 시대에 이르러서는 대부분의 나라에서 이 품등이라는 이름만 겨우 존재할 뿐이며 그 실질은 없어지면서 예의 만민동일의 권리라는 상황에 이르게 된 것이다. 스위스를 포함한 여러 나라들에서는 이러한 품등의 명목을 완전히 폐지한 경우도 있다.

이 만민동일의 권리라는 것은 이미 수백 년 전부터 여러 석학 및 지식인들이 주장하기는 했지만, 특히 상세하게 그 이치를 밝히면서 주장한 것은 대개 2백 년 전 정도 게르마니아의 석학 볼프(독일 계몽시대의 철학자)[38]라는 사람이었다. 그 이후부터 프랑스의 몽테스키외 혹은 루

35 성직자계층, 종교지도자를 지칭함.
36 도시민. 부르주아계층을 지칭함.
37 농민. 1차산업 종사자를 지칭함.
38 Christian von Wolf(1679-1754). 독일 계몽주의시대의 철학자이자 법학자. 라이프니

소 등과 같은 학자들이 뒤를 이어서 점점 힘을 더하여 이 주장을 펼치게 되면서 마침내 지금과 같이 이 권리가 행해지게 된 것인데, 이것이 바로 유럽이 지금의 문명에 이르게 된 연유로, 말하자면 치술治術이 열리게 된 것이다. 실제로 이제까지 말한 바와 같다면 어쨌든 이 동일한 권리라는 것이 없어서는 진실로 신민의 권리를 보호한다고는 말할 수 없고, 신민 안생安生의 토대도 세울 수 없는 것이다.

그 외에 또한 여러 가지 훌륭한 권리가 많이 있지만, 여기서는 치술의 급선무란 첫째로 헌법을 제정하여 세우고 이로부터 권리와 의무의 두 가지를 분명하게 하지 않으면 안 된다는 도리를 말하는 것을 주지主旨로 하고 있기 때문에 여타 권리들에 대해서는 따로 논의할 것이다. 다만 지금 한 가지 논해 두어야 할 권리가 있는데, 그것이 무엇인가 하면 소위 공권이라고 하는 것이다. 이미 『입헌정체략』에서도 개략적으로 설명해 두었듯이, 이것은 신민이 헌법의 제정 및 수립에 참여할 권리로 예의 대의사라는 직책에 공선公選되어 입법부의 관원이 되어서 헌법을 상의할 권리 및 이 대의사가 될 사람을 선택할 권리인데, 이것은 곧 인민의 마음으로 인민을 다스리는 것으로, 예의 군주전치와 상하동치가 서로 다른 바는 특히 이 권리가 있는가 없는가에 달려 있다. 옛날부터 한토 등은 물론, 그 외의 군주전치의 나라들에도 현명한 군주가 다스리는 시대에는 제법 괜찮은 정치가 행해지는 일

츠의 제자로 할레대학(Martin-Luther-Universität Halle-Wittenberg)의 교수를 역임하였다. 이성주의와 경험주의의 종합을 추구하였고, 자연법(自然法)은 인간의 의무이며 법규정은 그 구체화라는 입장의 법이론을 전개하였다.

도 있었지만, 아직 신민에게 이 권리가 없었기 때문에 어떻게 해도 입헌정체와 같을 수는 없었고, 특히 아무리 훌륭하고 인자한 정치라도 많은 경우는 한 세대에서 끝나서 그 다음에 암군 또는 폭군이 나오게 되면 즉시 그 정치의 모습이 바뀌어서 완전히 민심을 잃게 되는 일이 일어나곤 했던 것이다. 성인이라도 추요芻蕘에게 자문하는 일도 있었고,[39] 또 당나라 위징魏徵[40]의 말에 "명군, 암군이 나뉘게 되는 것은 편신偏信[41]과 겸덕謙德[42]에 달려 있다[君所以明 兼聽也. 所以暗 偏信也. 〈新唐書, 위징전(魏徵傳)〉]"라고 하는 등, 한토는 옛날부터 크게 다른 나라에 비해 우월한 정치를 펼치는 경우도 있었지만, 그 추요에게 자문하는 일이나 겸덕하는 일이 분명하게 제도로서 세워져 있었던 것은 아니었기 때문에 그 시대만의 일로 그치고 오래도록 지속하지 못하였다. 신민에게 앞에서 말한 공권이 있다는 것은 즉 추요에게 자문하거나 혹은 겸덕하는 제도가 분명하게 서는 것이므로, 아래 사람들의 정情과 통하여 민심을 얻는 데에는 이보다 좋은 방법이 없는 것이다. 원래 앞에서도 언급하였듯이, 이와 같이 신민에게 공권만 있다고 해서 가령 포악하고 몽매한 군주가 나왔다고 한들 근심할 필요가 없다고 하는 말은 결코 아니다. 많은 입헌정체의 나라들에서도 명실名實[43]이 서로 크

39 나무꾼과 목동. 시경(詩經) 대아(大雅) 편에 나오는 "옛 선인들의 말씀에도, 나무꾼과 목동에게라도 묻는다는 말이 있다(先民有言 詢于芻蕘〈詩經 · 大雅〉)"는 구절의 인용.

40 당 태종(唐太宗)의 신하로, 군주에 대한 직언(直言)을 한 것으로 유명함.

41 남의 말을 치우쳐서 믿음.

42 겸손한 덕성을 갖춤.

43 명분과 실질.

게 저어齟齬[44]하는 경우도 있다. 그러나 한번 이와 같은 정체가 세워지고부터는 아무리 잘못되어도 설마 걸桀, 주紂[45]의 폭역暴逆[46]에 빠지는 것과 같은 일은 우선은 없고, 머지않아 필연적으로 공명정대한 정치에로 향하게 된다. 그러므로 정말로 이렇게나 훌륭한 권리는 없는 것이다. 황공하옵게도 조정복고朝政復古[47] 이래로 널리 공의여론을 채택하시고자 하는 성지聖旨[48]에서 집의원集議院[49]을 설치하게 하신 일도 곧 점차로 이 권리를 일으키시려고 한 까닭으로, 실로 이보다 더한 인정도 없을 것이다.

그런데 여태까지 말한 것처럼 입헌정체국에서는 반드시 먼저 공의여론을 모아서 헌법을 제정하여 세우고, 신민의 생명과 권리 및 사유재산의 세 가지를 보호하는 것을 제일의 요무要務로 삼는데, 하지만 이러한 나라들 가운데에도 당연히 문명개화의 늦고 빠름이 있고, 또 각 나라의 인정人情과 풍속도 당연히 다르기 때문에, 마땅한 때와 장소의 두 가지에 주의하면서 시세와 인정에 맞는 헌법을 세우고, 또 서서히 개혁해 가는 것이 마땅하다. 설령 아무리 좋게 보이더라도 그것이 시세와 인정에 맞지 않다면 아무런 도움이 되지 않을 뿐만 아니라,

44 틀어져서 어긋남. 맞지 않음.

45 걸(桀)왕과 주(紂)왕. 걸왕은 하(夏)나라 최후의 임금이고, 주왕은 은(殷)나라 최후의 임금으로 고대 중국 역사에 나오는 대표적인 폭군.

46 난폭하여 인도(人道)에서 벗어남. 또는 그런 사람.

47 1868년의 메이지유신(明治維新)을 가리킨다.

48 임금의 뜻.

49 메이지 정부가 1869년에 공의소(公議所)를 대신하여 설치했던 기관. 태정관(太政官)으로부터 받은 의안을 자문하는 역할을 하였으나 실질적인 권한은 약했고, 1873년에 폐지되었다.

도리어 해를 낳는 경우도 있을 것이다. 옛날 그리스의 현인 가운데 한 사람인 솔론[50]이라는 자가 그 국법을 개혁할 때에, 어떤 이가 "그대는 만세불후萬世不朽[51]의 양법良法을 세운 것인가"라고 묻자, 솔론이 답하길 "나는 만세불후의 양법이라는 것을 모르고, 다만 현재의 시세와 인정에 맞는 양법을 세웠다"고 말하였는데, 실로 이 답이야말로 영원토록 변하지 않을 확언確言이라 하겠다.

원래 유럽에서 가장 먼저 입법부라는 것을 세워서 이처럼 보호가 빈틈없도록 한 나라는 영국인데, 이 나라는 실로 기묘하리만치 훌륭한 나라로서 이미 수백 년 전부터 점차 이와 같은 과정을 거치면서 점차 시세와 풍속의 변천에 따르고 거기에 맞게 헌법을 개혁하여 결국 지금의 모습이 되었다. 물론 그런 와중에 폭군 등이 나와서 종종 소란도 일어나고, 또 특히 한번은 크롬웰[52]이라는 대단한 영걸英傑이 나와서 정부가 전복되고 일단은 정체가 변한 일도 있었지만, 결국 그 기운이 점점 마땅한 방향으로 향하면서 시종 학자의 논의와 정부의 조치가 크게 어긋나는 일 없이 함께 나아가 결국 오늘날에 이르러서는 확호불발確乎不拔[53]하고 만세불역萬世不易[54]한 정체가 되었다. 여기에는

50 Solon(BC 640-BC 560 추정). 아테네의 정치가, 법률가, 시인. 출신 성분에 관계없이 재산정도에 따라 평민에게도 참정권을 부여하는 정치적 개혁을 시도한 것으로 유명하다.

51 오래도록 없어지지 않음.

52 올리버 크롬웰(Oliver Cromwell, 1599-1658). 영국의 정치가이자 군인. 청교도 혁명의 주역으로 왕당파를 물리치고 공화국을 세우는 데 크게 공헌하였다.

53 단단하고 굳세어서 흔들림이 없음.

54 오래도록 바뀌지 않음.

실로 다른 나라의 사람들조차도 감탄하여, 원래 영국인의 성정이 각별히 선량한 데에서부터 저절로 이와 같이 되었다고 말할 정도였다.

그러나 그 밖의 나라들에서는 지금의 정체가 일어난 징조라는 것이 수백 년 전부터 있기는 하였으나 일찍이 영국에서처럼 흘러가지 않았는데, 이는 원래 개화문명의 진보가 늦었기 때문에 이 무렵의 정치를 논하는 학자들 중에는 군주전치의 정체를 마땅하다고 여기는 자가 많았고, 특히 프랑스 등에서는 페늘롱[55]과 보쉬에[56]라는 성직자이자 발군의 정치학자들이 있었지만, 모두 군주전치를 최상의 정체라고 주장하여 국왕 루이 14세에게 신임을 얻어서 크게 그 왕의 전치를 보익補益[57]할 정도였으므로 오래도록 그 정체의 개혁도 있을 수 없었다. 그 후 예의 몽테스키외 혹은 루소를 비롯한 다수의 대학자들이 나와서 점점 공명정대한 논의를 주장하여 전치의 정체를 뒤집고자 하는 기세가 왕성해지고, 그로부터 결국 대전복(대혁명)이 일어나서 정체가 일변하고 또 그것이 점점 여러 나라들로 파급하면서 각국이 모두 여러 가지 소란이 일어나게 되어 이로 인해 결국 이 8, 90년

55 François de Salignac de la Mothe-Fénelon(1651-1715). 캉브레(Cambrai)의 대주교. 프로테스탄트에서 개종한 여자들을 위한 교육원 누블레 가톨리크(Nouvelles Catholiques)의 장을 역임했다. 1689년 루이 14세의 손자의 교육을 담당하기도 했으며, 여기에서 교육 소설 울리쎄의 아들 텔레마크의 모험(Les aventures de Télémaque, fils d'Ulysse, 1699)을 썼다.

56 Jacques-Bénigne Bossuet(1627-1704). 프랑스의 신학자이자 정치학자. 1669년 사교가 되었으며 1672년 아카데미 회원, 1691년 추밀원 고문관을 역임했다. 루이 14세에게 왕으로서 지켜야 할 의무를 설명하였고, 또한 왕자의 선생이 되어(1670-81) 왕의 권한은 신으로부터 받은 것이라는 '왕권신수설'을 주장하였다.

57 보태고 늘여 도움이 되게 함.

전 무렵부터 점점 영국을 따라 입헌정체를 세우게 되었던 것이다.

그렇지만 영국처럼 능히 그 시세와 인정에 적응하는 헌법을 세운 나라는 대단히 적어서 실로 어려운 일로 여겨지니, 부디 이 시처時處의 두 가지를 모르고 다만 서생론書生論[58]에 기대어 정체헌법만 그럴듯하게 세운다 해도 결코 아무런 도움이 되지 않을 뿐만 아니라 도리어 해가 되는 경우마저도 있어 본래 신중하며 더욱 조심해야 하는 것이다. 그러므로 아직 완전히 개화문명으로 나아가지 못하여 우매한 인민이 많은 나라들에서는 입헌정체를 세우고 널리 공의여론을 취한 것이 단지 완우頑愚[59]한 논의에 그치면서 도리어 치안의 해를 가져오게 되는 일이 있으므로, 이러한 나라들에서는 어쩔 수 없이 잠시 전치 등의 정체를 이용하고 마땅히 신민의 권리마저도 제한해 두지 않으면 안 되는 것이다.

프랑스 등은 자못 개화문명의 나라이기는 하나, 어쨌든 영국이나 아메리카연방 등처럼 완전히 그 신민에게 불기자립의 권리를 주었다가 도리어 그 목적인 안민에 해가 되는 것으로 보였으므로, 지금도 앞의 두 나라에 비해 신민의 권리를 제한하는 것이 많다. 이미 백 년 정도 전에 프로이센의 국왕인 프리드리히 대왕이라는 자는, 자못 현명한 군주인데다가 왕공王公들 가운데서는 보기 드문 학자로, 정치학에 관한 저서도 많이 저술하였고, 특히 온 힘을 다하여 군주의 전권專權을 통절히 배척할 정도의 인물이었다. 그러나 그런 정도의 인물조차

58 탁상공론.

59 완고하고 어리석음.

도 완전히 전치의 정체를 폐지하여 입헌정체로 고치는 일은 하지 않았고, 또 한꺼번에 신민에게 불기자립의 권리를 주었다고 할 정도의 일도 하지 않았으며, 다만 점차적으로 서서히 마땅한 방향으로 나아가도록 조금씩 개혁을 했는데, 이것은 곧 마땅한 때(時)와 장소(處)를 알았기 때문이다. 그 무렵에는 프로이센의 개화문명이 아직 얕았기 때문에 갑작스레 정체를 바꾸어서 신민에게 충분한 불기자립의 권리를 주었다가는 도리어 크게 치안의 해가 된다는 것을 알았으므로, 결코 그러한 어리석은 짓은 하지 않고 다만 점차 인민의 지식이 열림에 따라서 점차적으로 정체헌법을 바꾸어 가고자 하는 도리를 펼쳤을 뿐인 것이다. 실로 정권(政柄)을 쥔 자는 결코 이러한 점을 잊어서는 안 된다.

그렇지만 이것이 대단히 어려운 일로, 점점 개화가 진전해 가는데도 언제까지나 인순고식因循姑息[60]함에 안주하여 정체헌법을 개혁함을 모른 채 여전히 옛 제도를 묵수하고 있어서는 역시 치안을 이룰 수 없으므로, 부디 때와 장소에 주의하여 여기에 상응하는 정체와 헌법을 사용하도록 하지 않으면 안 되는 것이다. 그렇지만 개화가 얕은 나라에서는 어쩔 수 없이 전치의 정체를 이용하고 또 신민의 권리도 제한하지 않으면 안 된다고는 해도, 이렇게 하는 것도 원래 어쩔 수 없는 데에서 나오는 임시방편이니, 그 마음만은 잠시라도 안민이라는 목적을 잊어서는 안 되는 것이다.

60 낡은 것을 답습하며 당장의 편안함만 취함.

明治庚午七月

加藤弘之講述

眞政大意　全二冊

官許

谷山樓藏梓

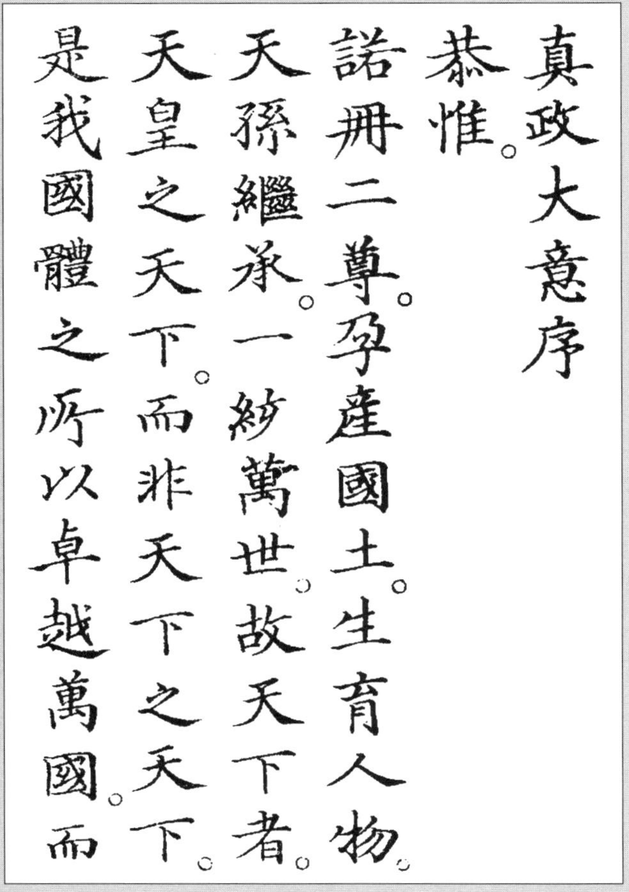
真政大意序

恭惟。

諾冊二尊。孕産國土。生育人物。

天孫繼承。一統萬世。故天下者。

天皇之天下。而非天下之天下。

是我國體之所以卓越萬國。而

無比例也。然至于臨撫之道。豈
有以臣民為輕之理哉。故愛臣
保民。則君位益重。臣民離則天
下思亂。而亂臣賊子。因以肆其
兇暴。有若北條氏者出爲此自
然之勢也。古聖帝明王之所以

待民如此。故
仁德天皇有言曰。天之立君為
民。由是思之。重君者。為我國之
國體。保民者。為我國之政體。修
明政體。所以維持國體也。頃大
學大丞。加藤弘之著真政大意。

講述泰西政體大綱。或云。泰西
國體。與我異。取之不可。殊不知。
其政體有與我合者。譬諸一匹
布。有表有裏。取以為我用。何為
不可。論者蓋未及詳之也。嗚呼
地球間立國如林。各無不有自

愛之心。凡所以富且強其國者。
無不互資。獨我國拒而不容。以
梗開化文明之路。而使彼卓越
萬國者。退安固陋。豈
神聖之意乎哉。是為序。
時

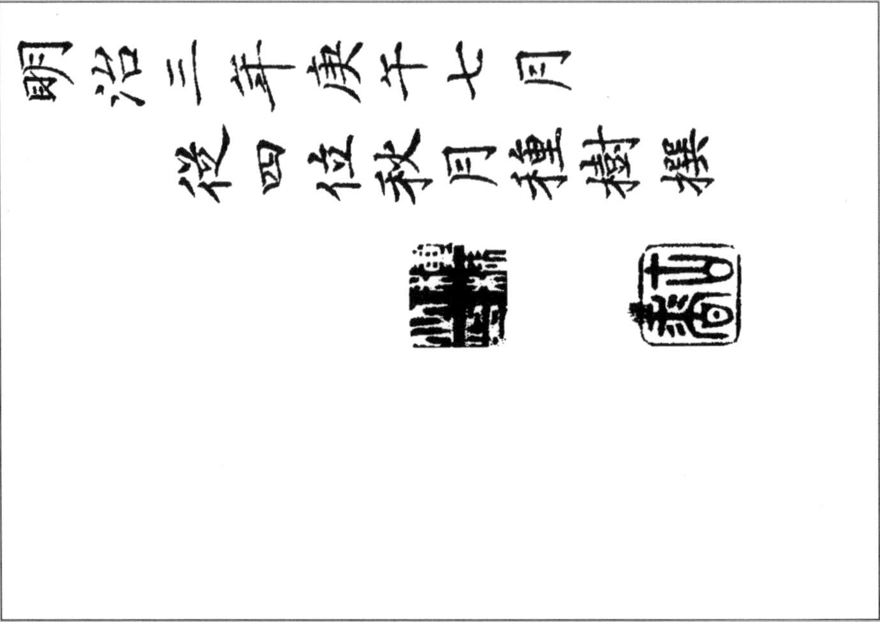
明治三年庚午七月
従四位秋月種樹撰

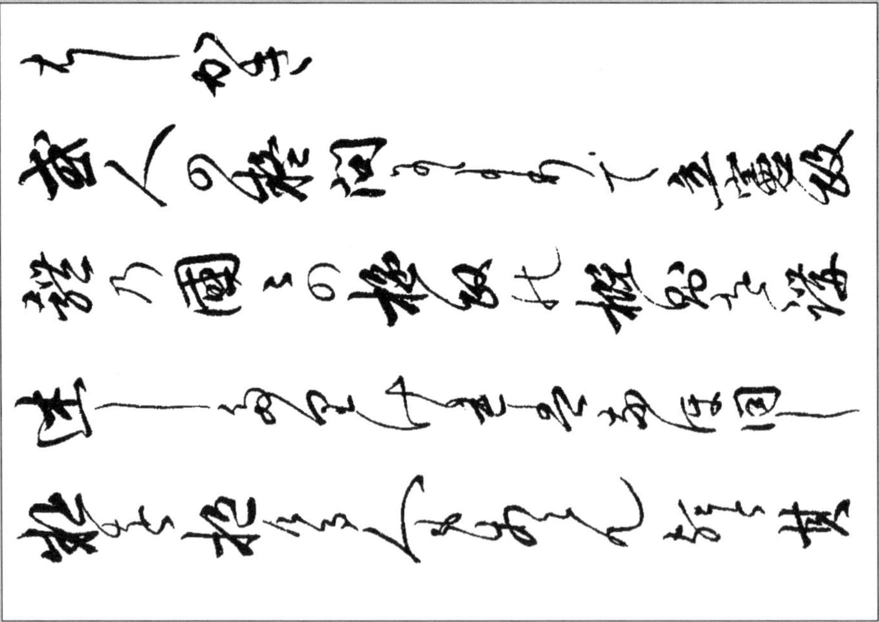

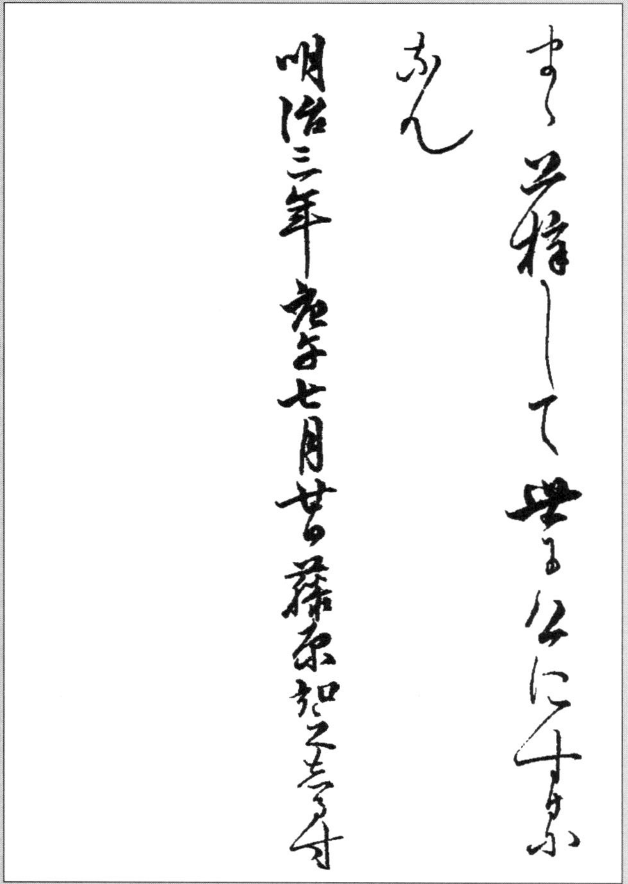
明治三年庚午七月

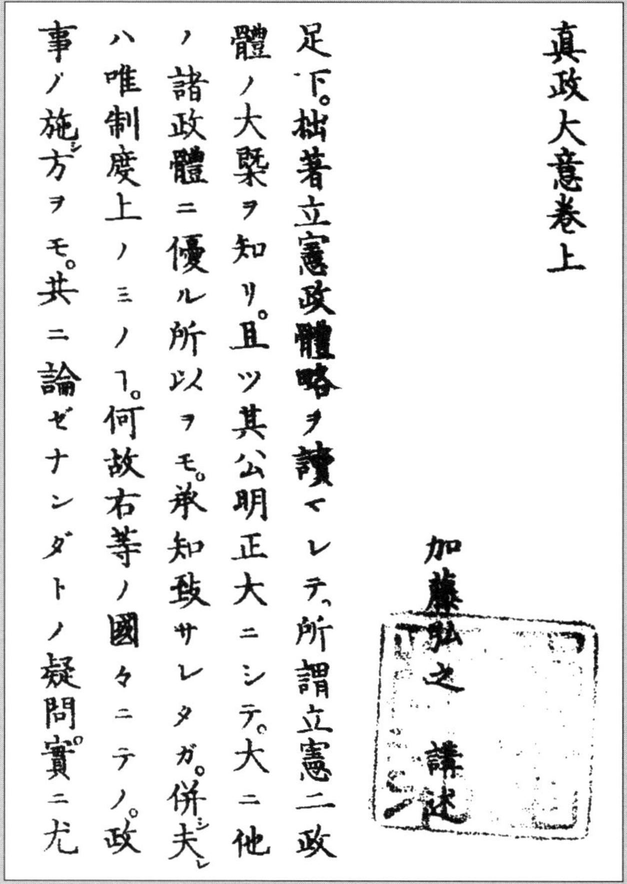
真政大意巻上

加藤弘之 講述

足下。拙著立憲政體略ヲ讀マレテ、所謂立憲ニ政體ノ大槩ヲ知リ。且ツ其公明正大ニシテ。大ニ他ノ諸政體ニ優ル所以ヲモ。承知致サレタガ。併シ夫レハ唯制度上ノミノヿ。何故右等ノ國々ニテノ政事ノ施シ方ヲモ。共ニ論ゼナンダトノ疑問實ニ尤ノヿデゴザル。作去。素國政ニ治法ト。治術トノ二通ガアリテ。治法トハ。所謂治安ノ基本タル憲法制度ノヿヲ云ヒ。治術トハ。今日施行スル治安ノ術ヲ申スヿデ。元来二様ノヿ故。政體略ニハ此治法ノヿノミヲ槩論致シタヿナレド。併此二ツハ國政ノ上ニ於テ。所謂車輪鳥翼ノ如キモノデ。決シテ一ツモ缺クヿハ出来ヌデゴザル。何故ト申スニ。治法ナル憲法制度ガ全ク備ハラヌ𪜈ハ。治術ノ基本ガ確乎ト定マラヌ故。動モスレバ。暴逆ナ政

事ヲナス様ニナリ。又縦令ヒ結構ナ治法ガアリテモ。治術ガ拙クシテ。治安ヲ營ムニ足ラヌ𪜈ハ。折角結構ナ治法モ。遂ニ畫餅トナリテ行ハレヌデゴザル。當時歐羅巴南方ノ各國葡萄牙ヂヤノ。西班牙ヂヤノト云フ國々ハ。其治法カ強立スト云フ訣デハナケレ𪜈。治術ガ甚ダ拙クシテ。其精力ガ足ラヌモノヂヤカラ。治法モ殆ト畫餅トナリテ。真ノ治安ヲ得ルニ足ラズ。又例ノ君主專治ノ國々ニモ。儘其治術全ク拙ナカラヌ國モゴザレ𪜈。所

心ノ治法ト申スモノガ確乎ト立テ居ラヌ故。動モスルト。國君ノ威權ガ熾ンニナリスギテ。遂ニ酷虐ノ政ニ陥ル様ナヿニナルデゴザル。夫故此二ツハ始終優劣ナク揃テ参ラ子バ。眞ノ治安ヲ得ルニ足ラヌヿヂヤカラ。先ヅ能ク此理ヲ知ラ子バナラヌデゴザル。其上又治術ノ實ニ大切ナト申スハ。素ヨリ治法ヲ定制シタリ或ハ改更スルノモ即チ治術デ殊ニ其第一ノ急務ト申スベキモノデゴザル。夫故治法ノ善イモ悪イモ。即チ治術ノ巧拙ニ拘ルワケデ。善イ治法ヲ定制スルノハ。即チ治術ノ巧ナルモノ。悪イ治法ヲ立ルハ即チ其拙イモノデ。國家ノ安危存亡ハ。全ク治術ノ巧拙ニヨルヿデゴザル

偖治法治術ノ訣ハ。唯今大凡論ジタ通リデ。二ツ共ニ能ク揃ハ子バナラヌヿヂヤガ。治法ノヿハ。既ニ政體略ニ槩論致シタカラ。左ニ治術ノ大槩ヲ論ズルデゴザラウ。併シ治術ト申スモノハ。縦令ヒ立憲二政體ノ國々デモ。治法ノ如ク。チヤント確定シ

テ居ルト云フ訣デハナク。多クハ事ニ方リ時ニ臨テ。其宜シキヲ制スル丁故。専政柄ヲ執ル人ノ知略才能ニヨル丁デ。治法ノ如ク。規則ノツカマヘ所ガ確乎ト立テ。學ベバワカルト云フ訣ニハ参ラヌデゴザル。併シ左様ナラバ。少モ基クベキ規則ガナイカト申スニ。決シテ左様デハナイ丁度撃劍ヤ圍基ノ様ナモノデ。桃井ヤ千葉ハ撃劍ノ達人。本因坊ハ碁ノ名人ニハ相違ナケレド。サア左様ナラバ。如何イフ所ガ。達人名人タル所以ダ

ヤト問フタレバトテ。如斯イフ所ガ達人名人タル所以ヂヤト。委シク答ヘル訣ニハ参ラヌ丁デ。夫ニハ云フニ云ハレヌ味トイフモノガアル故。其門人トナリテ。始終先生ノ手並ヲ見馴レ子バ。迚モワカル丁デハナイデゴザルガ。併左様ナラバ。撃劍ニモ圍碁ニモ。少モ定則ト云フモノハナクテ。唯練磨ノミニヨルモノカト云フニ。決シテ左様デハナイ。桃井ニハ桃井ノ法則アリ。千葉ニハ千葉ノ法則アリ。又本因坊ニモ其通デ。自ラ其

流儀々々ノ規則ト云フモノガ。一通リハアル故。夫丈ノ丁ハ學ベバワカル様ナ訣デ。治術ニモ亦碩學鴻儒カ追々研究シテ。大體ノ所ニ於テ大凡一定シタ規則ガ。一通リハゴザルガ。夫レ迚モ中々一朝一タニ論ジ盡サレル丁デハナイカラ。玆ニハ。唯此規則ノ極大意ノミヲ論ズルデゴザラウ。猶委シイ丁ヲ知ルニハ。隨分諸大家ノ色々論ジタ治術ノ書モアル丁故。夫レヲモ讀ミ。且ツハ古今ノ歴史等ニテ。明君賢相ノ治術ヲ穿鑿イタサ子バナラヌデゴザル

偖追々。治術ノ定則トモ云フベキモノヲ。荒増論ズルデゴザラウガ。ソコデ此定則ヲ學ブニハ。先ヅ第一ニ治國ノ本意ト云フモノヲ知ルガ肝心デ。是レガ即チ治術ノ眼目ニナル。ソコデ治國ノ本意抔ト申スト。頗ル六ケ敷様ナレ𪜈。決シテ六ケ敷事デハナイ。申ス迄モナク。唯安民ヨリ外ニハ何モナイ丁デ。是丈ノ丁サヘ出来レバ。乃チ治國ノ本意ハ達スルワケデゴザル。夫故治術ト云フモノハ。偏

ニ此安民ヲ一大眼目トシテ。此度此眼目ヲ達スルニ足ルベキ術デナケレバナラヌヿデ。實ニ其通リニ參リサヘスレバ。真ニ治安ヲ營ムニ足ルヿデゴザルカラ。箇様ナ治術ハ即チ真政トモ申スベキヿト存ズルデゴザル。然ルニ多クハ其眼目トスル所ハ安民ニアリナガラ。治術ガ甚ダ拙イタメニ遂ニ其眼目ヲ達スルヿ能バヌノミナラズ。却テ民ヲ苦メル様ナヿニナルモノデ。箇様ナ政事ハ眼目ニ於テハ聊カ間然スベキ所ハナケレド

其實治安ヲ營ムニ足ラヌカラ。決シテ真政ト申ス名ハツケ難イデゴザル。況テ其眼目カラ違テ、絶テ安民ノ心ハナク。唯獨リ國君ガ威權ヲ恣ニシテ。私利ヲ營マントスル様ナ政事ニ至リテハ。固ヨリ論ナイヿデゴザル。ソコデ右様ニ。只管安民ヲ眼目ニ立テヽ。倩此眼目ヲ達スルニ足ルベキ治術ヲ得ント欲スルニハ。先ヅ第一ニ心得子バナラヌ一大要件ガゴザル。譬ヘバ醫師ガ療治ヲスルニハ。其人ヲ以前ノ健康ニ復スルノガ眼目デ

偖此眼目ヲ達スル為メニ療治ヲ施スノガ。即チ其術デゴザルガ。併シ夫レニハ先ヅ病人ヲ診察シテ。其病性ヲ知ルノガ一大要件デゴザリテ。若シ此病性ヲ見違ヘテハ。縦令ヒ如何程骨ヲ折リテ療治シタレバ迚。何詮モナク。却テ容易ニ治スベキ病人モ。遂ニ殺ス様ナ丁ニナル丁デ。庸醫ノ療治ト云フモノハ。實ニ恐ルベキモノデゴザル。治國ノ上モ。是レト同ジ丁デ。治術ヲ施スニ付テハ。必ズ先ヅ心得子バナラヌ一大要件ガアルガ。偖夫レハ先ヅ如何様ナ丁ヂ

ヤト云フニ。決シテ六ケ敷丁デモ何デモナイ即チ人ノ天性ト及ビ國家政府ノ起ル所以ノ天理トヲ知ル丁デ。此二ツヲ知ラズシテ。漫ニ治術ヲ施シテハ動モスルト。此人性天理ニ戻リタ丁ニナルカラ。丁度庸醫ノ病性ヲ見違ヘタノト同ジ丁デ。啻ニ其眼目タル安民ガ出来ヌノミナラズ。却テコレガ為メニ。心ニモナイ虐民ニ陥ル様ナ丁ニナル。併シ庸醫ノ拙治ハ。其度毎ニ誤リテ人ヲ殺シタ所ガ。僅ニ數百人カ數千人ニハ過ギヌ丁ヂヤガ

政府ガ治術ヲ誤リテハ。遂ニ億兆ヲ困シメル様。
ナ丁ニナルカラ。實ニ世ノ中ニ。是程恐ロシイ丁
ハナイデゴザル。夫故此人性天理トイフモノヲ
知ルガ。治術ノ大基本ト申ス訣デ。決シテ忽ニハ
ナラヌデゴザル。仍テ是レカラ是等ノ丁ヲ荒増申
スデゴザラウ

偖人ト申スモノハ。今更贅言スル迄モナク。天ノ
尤モ愛シ玉フ者故。人ニ限リテハ。萬福ヲ與ヘ玉
フ天意ト見エテ。都テ軀幹ノ組立方カラ致シテ。

其精神才智ノ靈妙ナル丁ト申スモノハ。決シテ
禽獸ノ類デハナク。其上ニ又天性ニ種々様々ノ
情ト云フモノガアルガ。中ニ就テ。不羈自立ヲ欲
スル情ガ第一ニ熾ナモノデ。殊ニハ是レガ一身ノ
幸福ヲ招クベキ紹介トナルモノト見エル。譬ヘ
バ吾人共ニ。自分ノシタイト思フ丁ヲ。思フ存分
ニスレバ快ケレド。若シヒヨーツト他人ノ為メニ。妨
ゲラレル様ナ丁ガアルト。直ニ不快ノ心ヲ生ズ
ルハ。誰シノ人モ同様ナ丁デ。是レガ即此情ノ天性

ニアル確證デゴザルガ。然ラバ何故此情ガ幸福ヲ招クベキ紹介トナルト申スニ。此情ガアレバコソ。誰シノ人モ。務メテ束縛拘制ヲ避ケ。各其欲スル所ニ從テ。幸福ヲ招クヿヲ勉ムルナレド。萬一此情ガナクテ。如何樣ニ束縛拘制サレテモ。何トモ思ハヌ樣デハ。迚モ幸福ヲ招クト申ス場合ニハ。至ラヌデゴザラウ。ソコデ箇樣ニ結構ナ情デゴザル故。又此情ヲ施ス權利ト云フモノガアリテ。凡ア人タル者ハ。貴賤上下貧富賢愚ノ別ナ

ク決シテ他人ノタメニ束縛拘制セラルベキ筈ノモノデハナク。己レガ一身ノ事ト云フモノハ。皆其欲スル所ニ從テ。出来ル訣ノモノデゴザリテ。ソコデ。今日ノ交際上ニ於テ。種々ノ權利ガ生ズルデゴザル。併シ左樣バカリ申スト。人ハ善惡ニ拘ハラズ。如何程不羈自立ノ情ヲ恣ニシテモ。ヨイモノ、樣ニ思ハレルガ。決シテ左樣デハナイ造化ト申スモノハ。實ニ奇々妙々ナモノデ。又別ニ一ツ結構ナ性ヲ賜ハリテアルガ。夫レハ又何ギヤト

云フニ。所謂仁義禮讓孝悌忠信抔云フ類ヒノモノ
デ。人ニハ。必ス是等ノ心ガアルモノ故。人々今日ノ
交際ニ於テ。各盡スベキ本分ト云フモノガアリ
テ。己レ獨リ都合ヨキヿナレバ。何ヲシテモヨイト云
フヿハ決シテナイ。己レニ權利ガアレバ。他人ニモ
亦必ス同様ニ權利ガアル。左スレバ。決シテ己レガ權
利ノミヲ恣ニシテハナラヌ。必ス己レガ本分ヲ盡シ
テ以テ他人ノ權利ヲモ敬重シテ。敢テ屈害セヌ
様ニセ子バ。人タル者ノ道ハ立タヌト云フ理ヲ辨

明スル。ソコデ。箇様ナ道理カラ。各自己ノ本分ヲ
盡シテ。他人ノ權利ヲ敬重スルハ。即チ義務トモ稱
スベキモノデ。人タル者ノハ須臾モ忘レテハナラ
ヌヿデゴザル。左様ナ訣故。今日ノ交際ニハ。必ス此
權利ト義務ノ二ツカ。實ニ缺カレヌモノデ。權利義務
共ニ相須テ。真ノ權利ニモナリ。義務ニモナル。若シ
一ツモ缺ケタトキニハ。權利モ真ノ權利ト稱スルニ
ハ足ラズ。義務モ真ノ義務トハ稱セラレヌデゴ
ザル。ソコデ右申ス如ク人ノ天性ニハ。必ス不羈自

立ヲ欲スル情ト。又自己ノ本分ヲ盡シテ人ノ不羈自立ヲ敬重スル心トノ。二ッガ必ス備ハリテアリテ。實ニ奇々妙々ナ。調合方デハゴザレ𪜈。兎角茲ガ六ケ敷所デ。動モスルト人々互ニ其本分ヲ盡シテ。人ノ權利ヲ敬重スル心ヲ失テ。獨リ己レカ不羈自立ノ情ヲ恣ニスル樣ニナリ易イ。左樣ナリテハ強ハ常ニ弱ヲ凌キ大ハ常ニ小ヲ倒スヿニナリテ今日交際ノ道ト云フモノハ決シテ立ヌ。今日交際ノ道ガ立タヌ時ニハ。人々幸福ヲ求メテ。

其生ヲ安ズルヿハ。決シテ出来ヌデゴザル。茲ガ先刻モ治術ヲ施スニ付テハ。先ッ第一ニ人性ヲ知ラ子バナラヌト申シタ所以デ。元来國家政府ノ起リト云フモ。億兆ヲ統一合同スル者ガナクテ。人々思ヒ々々デハ。迚モ權利義務ノ二ッガ並行ハレテ。人々ガ其幸福ヲ求ムベキ土臺ガ立タヌトイフ。自然ノ道理ガ。第一ノ根元トナリテ出来タモノデ。ソコデ元来不羈自立。敢テ他人ノ制馭ヲ受クベキ道理ノナイ。民人タル者ガ。是ニ於テ此政府ノ臣民トナリテ。其制馭バカリハ。必ズ仰ガ子バナラヌデゴザル。乍レ去此制馭ト云フモ。決シテ政府ノ為メニ束縛驅役サル、訣デハナク。唯紛一合同ノ為ニノミ。其制馭ヲ受ルヿデゴザル。夫故右申シタ人々相互ヒノ權利義務ノ外ニ。又政府ト臣民トノ際ニモ。矢張互ヒニ權利ト義務ノ二ツガ生シテ参リタヿデ。茲ガ即チ天理ノ然ラシムル所以デゴザルカラ。此人性ト天理トニ基イテ治術ヲ施サ子バ。例ノ所謂眼目タル。安民ハ決シテ出来

ヌヿデ。例ノ庸醫ガ病性ヲ見誤リテ病人ヲ殺ス様ナモノデ。遂ニハ心ニモナイ虐民ニ陥ルデゴザル。偖然ラバ。此人性天理ニ従テ。治術ヲ施スト云フハ如何様ナヿヂヤト申スニ。下ニ追々論ズルデゴザラウ

偖唯今。人ノ天性カラ國家政府ノ起ル所以ノ天理ヲ荒増論ジテ。偖此人性ト天理トニ従テ。治術ヲ施サ子バナラヌト云フヿヲ申シタカラ。是レカラ此ノ治術ノ施シ方ヲ大畧申ステゴザラウガ。ソ

コデ度々申ス如ク。人々交際ノ上ニハ。權利ト義務ノ二ツガ。互ニ行ハレテ参ル様デナケレバ。民人ガ幸福ヲ得テ。其生ヲ安ズベキ土臺ガ立タヌ故。先治術ノ一大急務トスル所ハ。今日人々相互ヒノ際ハ勿論。又政府ト臣民トノ際ニモ。此二ツノモノガ都合ヨク行ハレテ参リテ。臣民各〻他ノ屈害ヲ受ケヌ様ニ。臣民ノ生命ト權利ト及ヒ其私有ト。此三ツヲ保護スルコトデゴザルガ。偖然ラハ。權利ト義務ノ二ツガ互ヒニ能ク行ハレテ参ル様ニスルニ

ハ如何様ニスレバ出来ルト云フニ。先ヅ第一憲法ト云フモノヲ制定スルノガ肝心ナコトデ。憲法ト云フモノハ。政府ト臣民トノ際。及ビ臣民相互ヒノ際ニ於テ。彼此互ヒニ自己ノ本分ヲ盡シテ。他ノ權利ヲ敬重スル様ニ。且ツ各〻自己ノ權利ヲ安保シテ。他ノ屈害ヲ受ルコトノナイ様ニ。都テ彼此諸業ノ規律ヲ定ムル所以ノモノデ。早ク申セバ即チ權利ト義務ノ規律ヲ設ケテ。此二ツノモノガ互ヒニ並ビ行ハレテ。参ル様ニ立テタルモノデゴザル。ソコデ

政府ニハ。政府タルノ権利アリ義務アリ。臣民ニハ臣民タルノ権利義務カアリ。又臣民相互ヒニモ。権利ト義務ノ二ツガアリテ。決シテ互ヒニ自己ノ権利ヲ屈害セラルヽノ憂ナク。又他ノ権利ヲ屈害スルノ弊ガナイデゴザル。偖ソコデ彼此互ヒノ権利義務ト云フモノハ。種々様々ニアリテ。枚挙スベキヿデハゴザラヌガ。中ニ就テ。唯尋常ナル権利義務ノ二三例ヲ挙ゲテ見レバ。譬ヘバ政府ノ権利ト云フハ。第一臣民ヲ制馭シテ。其命令ニ服

従セシムベキ権利。又ハ天下ノ公費ヲ賦ツタメニ。臣民ヨリ租税ヲ取ルベキ権利。或ハ天下安危ノ秋ニ方リテハ。億兆ヲ尽ク兵トナシテ。其防禦ヲナサシムベキ権利等ノ如キ類。又其義務ト云フハ。臣民ノ生命権利私有ヲ保護スベキ義務。又ハ天下ノ同利ヲ興シ同害ヲ除クヿニ従事スベキ義務。或ハ天下ノ為メニ内患外冦ヲ防クベキ義務等ノ様ナルヿ。ソコデ又臣民ノ権利ト云ヘバ。政府ノ保護ヲ受クベキ権利。或ハ天下ノ同利ヲ

共ニ受クベキ権利等。又其義務トイヘバ。政府ノ制馭ヲ仰テ其命令ニ恭順スベキ義務。或ハ政府ノ費ヲ贖フタメニハ。自己ノ産ヲ割テ。租税ヲ納ムベキ義務等ノ如キモノヲ云ヒ。又臣民相互ヒノ権利ニ付テ。一二例ヲ挙テ申セバ。譬ヘバ甲ガ乙ニ金ヲ借ルレバ。甲ニハ之ヲ償フベキ義務ガアリ。乙ニハ之ヲ取ルベキ権利ガアル。又丁ガ丙ノ従僕トナレバ。丁ニハ丙ノ指揮ヲ受ケテ。其用ニ服事スルノ義務ガアルガ。其代リニハ又丙ヨリ

給俸ヲ取ルベキ権利ガアリ。ソコデ丙ハ丁ヲ雇用ニ使役スベキ権利アレ圧。又其代リニハ。之ニ給俸ヲ与フベキ義務ガアルト云フ様ナ訣ニ。其外種々様々ノ権利義務ト云フモノガアルヿデ。都テ箇様ニ其規則トナルベキモノヲ確定スルノガ。即チ憲法ト申スモノデゴザル。茲ガ即チ政體畧ニ論ジタ三箇権柄ノ中ニ於テ。所謂立法権柄ト司律権柄ノ肝要タル所以デゴザリテ。都テ箇様ナ憲法ヲ制立スルノハ。即チ立法府議事院ノヿナリノ職

掌。偖此憲法ガム立タ上デ。今日交際諸業ノ是非曲直ヲ折斷スルノガ。所謂司律府ノ職掌デ。即チ權利義務ノ互ヒニ行ハレテ参ル様ニ。臣民ノ生命ト權利ト及ビ私有ノ三ツヲ保護スルハ。専ラ此二箇權柄ノ掌ル所デゴザル。ソコデ又憲法トイフニモ色々ガアリテ。政府ト臣民トノ際ノ權利義務ノ。規律ヲ定ムル所ノ憲法ヲ國法トイヒ。又臣民相互ヒノ權利ト義務ノ。規律ヲ定ムル憲法ヲ民法トイヒ。其外刑法商法杯種々アルガ。皆必ズ右申ス權

利ト義務ノ規律ヨリ外ノモノデハ。決シテナイデゴザリテ。都テ立憲政體ノ國々デハ。此ノ如ク立法司律ノ二箇權柄トイフ者ヲ。施政權柄ノ外ニ立テ。獨リ國君ノ恣ニスル様ナル弊ヲ防ギ。殊ニ立法權柄ト申スモノハ。政體畧ニモ論ジテ置タ如ク。實ニ大切ナ權柄デゴザル故。必ズ天下億兆ノ名代人トナルベキ。代議士ト云フ者ヲ公選サセテ。之ヲ立法府ノ官員トシテ。國君ト此官員ト共ニ。立法權柄ヲ執ルト云フ制度ヲ立テタモノデ。

夫故憲法制度廢立ノ丁ニ至リテハ。決シテ國君ノ恣ニスルト云フ丁ニハ参ラズ。必ス天下ノ公論ニ基クモノデアリ。又司律權柄モ右申ス如ク大切ナモノ故。獨リ國君ノ手ニアリテハ。動モスレバ。暴虐ニ陷ルノ獘アルヲ恐レテ。是亦別ニ一府ヲ設ケテ國君トノヘモ。大抵ハ預リ知ラヌ丁ト致シタモノデ。即チ全ク例ノ權利ト義務ノ二ツガ並ビ行ハルヽ所以。所謂生命權利私有ノ三ツヲ保護スル丁。實ニ至レリ盡セリト申スベキモノデゴ

ザル

備右申ス如ク。立憲政體ノ國々デハ。必ス先ツ憲法トイフ者。ヲ第一ノ基本ト致ス訣デ。實ニ之ヲ大切ニイタス丁ヂヤガ。既ニ先刻モ治法ヲ定制スルノガ。治術ノ一大急務ヂヤト申シタハ。即チ此訣デゴザル然ル所ガ他ノ政體ノ國々ト申スモノハ大ニ相違シタ丁デ。既ニ政體畧ニモ荒増論ジテ置タ通殊ニ君主擅制ノ國々デハ。天下億兆ハ國君ノ私有僕妾ト云フ論故。其臣民タル者ハ國家

ノ事ニ付テハ勿論。自己ノ事トイヘ𪜈。自在ニ處置スルト云フヿハ。決シテ出来ヌヿデ。所謂不羈自立ノ權利ト云フモノガ少モ立タズ。善惡邪正ノ論ナク唯命是從ハ子バナラヌヿデゴザル。夫故第一政府ト臣民トノ際ニ。權利義務抔云フ論ノアラウ道理ハ夢ニモナイ。是デハ實ニ例ノ人性天理ニモ全ク戻ダヿテ。億兆ノ為メニ一君ガアルト云フ訣デハナク。却テ一君ノタメニ億兆ガアル訣ニナル。實ニ淺マシイ道理デハゴザラヌカ但シ箇様申スト或ハ難者アリテ。億兆ノ為メニ一君ノアルト云フハ。異邦ノ國體ニテ。決シテ我皇國ノ國體ニハアラヌヿナリ。畏クモ　皇國ノ如キハ。　伊佐那岐命。御子　須佐之男命ニ詔玉フテ。汝命者所知青海原潮之八百重焉ト仰セラレ。又　天照大御神ノ。御孫邇々藝命ニ詔玉フテ。豐葦原水穗國者。吾御子之嗣嗣可治國也。汝皇御孫命就座而為安國平然安然所知看於此之天日嗣之高御座而。云々。ト仰セラレシモ天地ノアラン限リ。皇國ヲ。天孫ノ御國ト定メ玉フ所以ナレバ。外國ノ如ク億兆ノ為メニ一君ガアルト云訣デハナク。却テ一君ノ為メニ億兆ガアル訣デ。茲ガ即チ皇國ノ尤モ貴キ所以。彼異邦ノ國體抔トハ。天地懸隔ノ差ヒヂヤ抔申スデモゴザラウカ。併シ夫レハ心得違デゴザル。何故ト申スニ。固ヨリ皇國ハ　天神天祖ノ詔ニヨリテ。永ク　天孫ノ御國ト定メ玉ヒシヿナレバ。皇統萬古一姓ノヿハ。論ジ奉ル迄モナイヿナレド。素ト其　天神天

祖ノ右ノ如ク定メ玉フ所ガ。即殊ニ億兆ヲ御愛憐遊バス　御心カラ出タヿデ。彼ノ唯今擧ゲタ詔勅ノ中ニモ。其確證ガアル。然シテ見レハ取リモ直サズ。億兆ノ為メニ一君ヲ置キ奉ラセ玉フ訣デ決シテ一君ノ為メニ億兆ガアルト云フ訣デハナイデゴザル。ソコデ其確證ト云フハ何デヤト云フニ。　天照大御神ノ　天孫ヘノ詔ニ。汝皇御孫命就而座為安國平然安然云々ト仰セラレシ所デ。取撮テ申セバ。　天孫　皇國ノ君トナラセ玉

フカラハ。永ク　皇國ヲ安泰ニ御治メ遊バセト
仰セラレル　詔デ。即チ億兆蒼生ノ為メニ一君ヲ
天降ラセ奉ラセ玉フヿ。聊ゝ疑ヒ奉ルベキ筋デハ
ナク。殊ニ又　人皇ノ御世ニ至リテモ。仁徳天
皇ノ詔ニ。天之立君本為百姓。故君以百姓為本。ト
仰セラレタルヿモゴザレバ。彌以テ億兆蒼生ノ
為メニ一君ノアル訣デ。決シテ一君ノ為メニ億
兆蒼生ガアルト云道理デナイヿハ。實ニ明瞭ナ
ヿデゴザル。併シ唯　皇國ノ萬國ニ卓越スル所以

ハ。右　詔勅ノ通リ。幾億萬年ノ今日ニ至ル迄。
皇統一姓決シテ他姓ヲ。仰テ君トナスヿノナイ
所デ。實ニ是程貴イヿハナイデゴザル。偖話ガチ
ト横道ニ這入リタガ。ソコデ君主擅制ハ。右ノ如
ク實ニ悪ムベキ政體デゴザルガ。又君主専治ノ
政體ト申スハ。擅制ヨリハ余程開化シタ政體デ。
憲法制度モ全クナイト云フ訣デハナイ故。君民
ノ際自ラ權利義務ノニッモナイデハゴザラ子ド。
併シ矢張天下億兆ハ。一君主ノ私有僕妾ト云フ論

故。臣民ノ權利トイフモ。唯私事ニ關係スル權利ガ不十分ナガラニアルノミノ了デ。固ヨリ所謂公權トテ。國事ニ參預スル權利抔イフモノハ夢ニモナイ。夫故憲法トイヘ𪜈。例ノ立法府ト共ニ。定制シタ様ナ立派ナモノデハナク。申サバ唯國君ノ私法デゴザル故。都テ臣民タル者國事ニ付テハ。固ヨリ唯君命是奉ゼ子バナラヌ訣デ。國君ノ權利ガ自ラ强大ニスギル故。矢張君民ノ際權利義務ノ二ッガ。都合ヨク行ハレテ參ルモトハ

申サレズ。到底安生ノ土臺ガシーツカリト致サヌ故。真ノ治安ハ甚ダ覺束ナイデゴザル。箇様ナ訣故。此ノ如キ政體ヲ立テタ國々ノ治術ト云フモノハ。多クハ例ノ眼目タル安民ト申ス場合ニハ。何分ニモ參リ兼ル了デ。茲ガ即チ治術ノ一ニ大急務ハ先ヅ憲法ヲ確立シテ。權利義務ノ互ヒニ行ハレル様ニスル了ヂヤト申シタ所以デ。縦令ヒ如何様ニ安民ノ志ガ篤クテモ。此一大急務ヲ指置テハ迚モ其眼目ノ届クヘキ道理ハナイデゴザル。荀子ニ

有治人。無治法。ドイヒ。又法者治之端也。君子者治之原也。抔トイフヿモアリテ。至極尤ナ論デハゴザルガ。併シ幸ニ明君賢相ノミアルモノナレバ。法ハナクテモスム様ナモノヽ。先ヅ暴主姦臣ノ方ガ多イモノヂヤカラ。ソコデ此憲法ト云フモノガ猶更ニ大切ナワケデ。憲法サヘ確立シテアレバ。暴主姦臣モ自ラ法ナキ國ノ様ニ勝手ナヿ計ハ出来スヿデ。已ムヲ得ズ。此法ニヨラ子バナラヌデゴザル。然テ見レバ法ト云フモノハ。自ラ暴主

ヲモ明君トナラシメ。姦臣ヲモ賢相トナラシムル種トナルワケノモノデ。所謂治ノ端タル法ガ又治ノ原トモナルデゴザルカラ。呉々モ唯治人ヲ俟テ治法ヲ忽セニスルハ。大ニ誤リタヿト思ハル、デゴザル

右申ス如ク憲法ト云フモノガ立タズ。保護ノ道ガ不慥デ。何モ角モ其時ノ國君ノ存意次第ニナルト云フ様デハ。偶明君ガ出タトキニハ大ニ宜シイヿモゴザレ𪜈。唯今モ申ス通リ明君ト云フモ

ノハ滅多ニハナイモノデ。兎角暴君ガ出テハ獨リ其威權ヲ張リ。妄リニ一身ノ欲ヲ恣ニシテ。生民ノ膏血ヲ竭ス様ニナリ。又暗君ガ出タ件ニハ。姦臣貪吏ガ時ヲ得テ君命ヲ矯メテ。勝手次第ニ私欲ヲ恣ニシ。頻リニ酷虐ナ政ヲナス様ニナルヿデ。是レデハドウモ億兆ガ幸福ヲ求メテ。其生ヲ安ズルヿノ出來ル道理ハ決シテナイ。實ニ箇様ナ國ニ生レタ民人程不幸ナモノハナイデゴザル。都テ仁政暴政ト云フ。此二政ノ境界ト云フモ。專ラ此

保護ノ有無ニアルヿデ。憲法トイフモノガ確乎ト立テ。保護ノ道ガ慥デサヘアレバ。其外ソヿヲ政府デ少シク怠リタトテ。ソレデ大ニ民心ノ離叛スル様ナヿハナイデゴザル。劉子ガ除天下之害謂之仁。ト申シタガ。實ニ感服ナ論デゴザル。當今印度邊ニハ英國ヲ始メ。其外歐洲各國ノ屬國ガ多クゴザルガ。其土人ガ始終其支配ヲ受ルヿヲ好デ。決シテ獨立シヤウト云フ念ノナイト申スモ。全ク以前屬國ニナラヌ時分ニハ。國君ノ政

ガ暴逆デ。聊カモ其臣民ヲ保護スルドコロノ訣デハナク。却リテ獨リ私慾ヲ逞ウシテ。妄リニ生殺與奪ヲ恣ニスル故。臣民ガ實ニ怨望シキリテ居タ所ヘ。幸ニシテ歐洲ノ屬國トナリテカラハ。先ヅ第一ニ臣民ノ保護ニカヲ盡スヿ故。例ノ安生ノ土臺ガ確乎ト致シタモノヂヤカラ。大ニ其政令ニ懐イテ。萬一此後獨立デモシタナラバ。矢張以前ノ如キ暴政ニ苦メラル、デアラウト。心配スル所カラ。實ニ屬國ヲ甘ジテ居ルデゴザル。兎角

愚民トイフモノハ。名義ヂヤノ條理ヂヤノ。ト申スヿハ少シモワカラヌ者故。屬國ニナラウガ何ニナラウガ。唯安ジテ其生命ヲ保ツヿサヘ出來レバ。難有心服スルモノデゴザルカラ。政府トナリテハ。能ク々々此道理ヲ知リテ。何分ニモ民心ヲ失フ様ナヿノナイ様ニ。心ヲ用ヒ子バナラヌデゴザル。茲ガ所謂尚書ニ民罔常懐。懐于有仁。トイヒ。又撫我則后。虐我則讎。ト云フ所以デ。此有仁トイヒ撫我トイフモ。即チ先ヅ保護ノ道ヲ盡シテ。其安

生ノ土臺ヲ與ヘルノガ第一ノヿデゴザル。併シ箇様ナヿハ皆君主ノタメニ戒メルヿデ。敢テ臣民ノ口實トスベキヿデハ決シテナク。且ツハ先刻モ申シタ通畏クモ　天孫天降リ玉フテヨリ。　皇統天地ト共ニ窮極ノナキ御國ナレバ。箇様ナ患ノアルベキ道理ハ決シテナケレ氏。漢土ヲ始メ諸外國ハ。素ト　天孫ガ天降リテ。其帝王トナリ玉フタヿデハナクテ。固ヨリ建國ノ本カラ異ナリテ居ルヿ故。動モスルト易姓革

命ガアリテ。天下ノ衆望ノ歸シタ仁人ガ君主ニナルヿデゴザルカラ。實ニ君主ノ戒慎イタサ子バナラヌ所デゴザル。アコデ唯今申ス如ク。仁暴ノ相分レル境界ト云フモノハ。第一保護ノ行届クト行届カヌトニアルカラ。呉々モ政府トナリテハ。此事ヲ等閑ニシテハナラヌ。縦令ャ心ハ如何様安民ニ切デアリテモ。此事ヲ指置テ他事ニ従事シテハ。其本末緩急ヲ誤ルヿヂヤカラ。決シテ真治ハ得ラレヌデゴザル。漢土抔風ニ開化ニ向

アタ國デ。其政教ノ行屆イタルヿ一云フモノハ。今更申スモナク。殊ニハ君臣ノ際。義ト云フヿヲ第一ニ重ズル所杯。實ニ感服ニ堪ヘタルヿナレド。惜ムラクハ唯義ノミヲ專ラニシテ。例ノ權利ト云フヿヲ確乎ト定メヌ風俗故。暴君杯ガ出テハ動モスルト。唯臣民ノ已ニ義ヲ盡スヲ責メテ。自ヲハ却テ臣民ノ權利ヲ屈害スルヲ何トモ思ハヌデゴザル。玆ガ即權利ト云フヿヲ立テヌ流弊デゴザリテ。立憲政體ノ國々ノ如ク。政府ニハ

政府タルノ權利義務。臣民ニハ臣民タルノ權利義務ト云フ様ニ。共ニ此ニツガ確乎ト定リテ居ル國デハ。縦令暴君ガ出タカラトテ。政府ガ己ノ義務ヲ盡サズシテ。唯臣民ノ義務ヲ責ルト云フ様ナヿハ出來ヌヿデ。臣民ニモ同様權利ト云フモノガアル故。若シ政府タル者。其義務ヲ盡サヌ時ハ。必例ノ立法府ト云フモノカラ。政府　廢置ヲ糺スヿガ出来ルデゴザル

偖ツコデ。話ガチト委シクナリスギルガ。玆ニ一ツ

詰サ子バナラヌヿガアル。既ニ政體畧ニモ論ジテ置イタ通リ。立憲政體ノ國々デハ。臣民ノ政府ニ對シテノ權利ニ。公私ノ二通リガゴザルガ。其私權ノ内ニモ。殊ニ結構ナモノト云フハ。萬民同一ノ權利ト云フ權利デ。天下億兆貴賤尊卑貧富大小ノ差別ナク。憲法ノ上ニ於テハ皆同一ノ臣民ニシテ。皆共ニ同一ノ保護ヲ受クベキ權利デ。匹夫匹婦トイヘ𪜈。縉紳貴介ト露程モ親疎ノ相違ト云フモノヽナイ制度デゴザル。夫故天下兆民皆

相應ニ自在ニ自己ノ所業ヲ營テ。決シテ他人ノ爲メニ限制セラル、様ナヿノナイ訣デ。眞ニ保護ノ道ノ行届イタ處。所謂人々ノ不羈自立ヲ慥ニスルニハ。是程肝心ナヿハナイ。實ニ此權利ガナクテハ。一視同仁ノ政トハ申サレヌデゴザル。然ルニ他ノ政體ノ國々デハ。此權利ガ立タズシテ。縉紳貴介ニ特准ノ權利ト云フモノガアリテ。賤民トハ全ク人種ノ異ナル程ニ其權利ガ違フ故。縉紳貴介ノ賤人ヲ御スルヿ。殆ド牛馬ノ如ク。其甚

シキニ至リテハ。動モスルト一朝ノ怒ニ慾ニ殺
戮スル様ナ丁ガアリテモ。何トカ角トカ。コジツ
ケ理窟ヲ付ケレバ。ソレデ濟ム丁デ決シテ罪ヲ
受ル様ナ丁ハナク。却テ次第ニヨリテハ殺シ榮ヘ
ニモナル位ノ丁デゴザル。歐洲各國トイヘ圧。中
世開化ノ進マヌ頃ニハ。隨分箇様ナ丁モアリメ
デゴザル。殊ニ往古印度ヤ埃及ニ。カストト中シ
テ。國民ノ品種ガ幾等モアリテ。殊ニ印度デハ。波
羅門。刹帝利。吠舍。戍達羅ト四等ニ分レテ。釋迦抔

ガ即チ波羅門ノ品種ヂヤガ。此波羅門ノ先祖ハ。天
神ノ口カラ生レ。第二ノ刹帝利ノ先祖ハ天神ノ
腕カラ生レ。又第三ノ吠舍。第四ノ戍達羅抔ノ先
祖ハ。天神ノ足部カラ生レタモノデ。夫故天然ニ
尊卑良賤ガアルト云フ論デ。嫁娶ハ勿論今日ノ
交通トテモ。唯同等ノ外ハ大抵ハセヌ位故。下等
ニ至ル程權利ガ少ク。上等ノタメニハ。實ニ牛馬
同様ニ驅使サレタ丁デ。甚以テ天理ニ背イタ丁
ヂヤカラ。是デハ迚モ真治ハ得ラレヌデゴザル。

其外昔時欧洲ニ賎奴ト云フ者ガアリテ。既ニ希臘（ギリシャ）抔デハ碩學ノ人デサヘモ。箇様ナ者ノアルノハ天理當然ノヿデ。賎奴ニハ天神ガ人ノ半分丈ノ才智ヲ賦與シ玉フ抔云フ論ヲ立テタ位ノヿ故。實ニ牛馬同様ニ驅役サレテ。又勝手次第ニ賣買サレタリ。或ハ殺戮サレル様ナヿデアリタガ。其後漸ク文明ニ赴クニ従テ。追々此事ノ天理ニ背クト云フ議論ガ起リテ。次第ニ此賎奴ヲ廢民トシテ。其權利ヲ與ヘルヿニナリタデゴザル。併レ

亞米利加デハ近頃迄モ黒奴ト申シテ。亞弗利加人種ノ賎奴ガアリタガ。今ヨリ七八年以前ニ。此賎奴ヲ廢民ニスルヤセヌト云フヿニ付テ。南北両部ノ戦争ガ起リタ所ガ。遂ニ之ヲ廢民ニセネバナラヌト云フ論ヲ立テタ。北部ノ方ガ勝利ヲ獲タモノヂヤカラ。追々ト此賎奴ガ人間並ノ權利ヲ得ルヿニナリタヿデ。誠ニ此上モナク結構ナ儀デゴザル。併レ　皇國ニハ太古ヨリ箇様ナモノヽナイト云フハ。實ニ萬國ニ勝レタ所以デゴザ

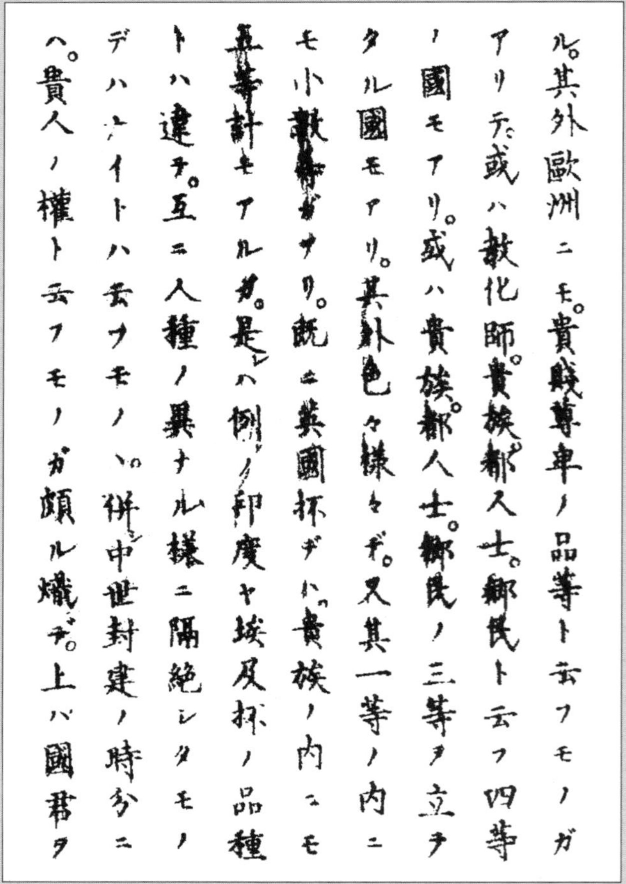

ル。其外歐洲ニモ。貴賤尊卑ノ品等ト云フモノガ
アリテ、或ハ教化師。貴族。郷人士。郷民ト云フ四等
ノ國モアリ。或ハ貴族。郷人士。郷民ノ三等ヲ立テ
タル國モアリ。其外色々様々ナリ。又其一等ノ内ニ
モ小數等ガナリ。既ニ英國杯デハ。貴族ノ内ニモ
其等計モアルガ。是レハ例ノ印度ヤ埃及杯ノ品種
トハ違テ。互ニ人種ノ異ナル様ニ隔絶シタモノ
デハナイトハ云フモノヽ。併シ中世封建ノ時分ニ
ヘ。貴人ノ權ト云フモノガ頗ル熾ンデ。上ハ國君タ

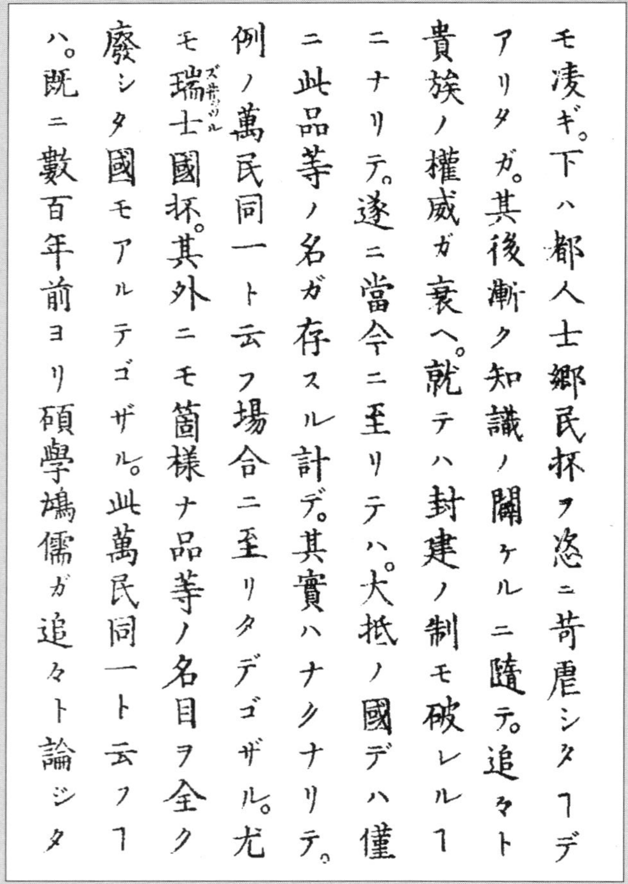

モ凌ギ。下ハ郷人士郷民杯ヲ恣ニ苛虐シタヿデ
アリタガ。其後漸ク知識ノ開ケルニ隨テ。追々ト
貴族ノ權威ガ衰ヘ。就テハ封建ノ制モ破レルヿ
ニナリテ。遂ニ當今ニ至リテハ。大抵ノ國デハ僅
ニ此品等ノ名ガ存スル計デ。其實ハナクナリテ。
例ノ萬民同一ト云フ場合ニ至リタデゴザル。尤
モ瑞士(ズヰツツル)國杯。其外ニモ箇様ナ品等ノ名目ヲ全ク
廢シタ國モアルテゴザル。此萬民同一ト云フヿ
ハ。既ニ數百年前ヨリ碩學鴻儒ガ追々ト論ジタ

ヿトハ申シナガラ。殊ニ詳ニ其理ヲ論ジテ尤モ主張シタルハ。大凡二百年前程ノ日耳曼ノ碩學烏兒冨ト云フ人デゴザリテ。夫ヨリ又佛國ノ孟得斯咎或ハ盧騒抔云フ學者ガ。之ニ次デ益々力ヲ極メテ此論ヲ主張シタルヨリ。遂ニ當今ノ如ク真ニ此權利ガ行ハレルヿトハナリタ訣デ。茲ガ即チ歐洲ノ文明ニ至リタ所以デ。所謂治術ノ開ケタノデゴザル。實ニ段々申ス通リノ訣チヤカラ。何分ニモ此同一ノ權利ト云フモノガナクテハ。真ニ

臣民ノ權利ヲ保護スルモノトハ申サレヌヿデ。臣民安生ノ土臺ハ立タヌデゴザル

其外猶色々結構ナ權利ガ澤山ゴザレ𪜈。唯治術ノ先務ト云フハ。第一憲法ヲ制立シテ權利ト義務ノ二ツヲ慥ニセ子バナラヌト云フ。道理ヲ説クノミヲ主旨ト致スヿ故。諸權利ノヿハ。又別ニ論ズルデゴザラウガ。併シ今一ツ論ゼ子バナラヌ權利ガアル。夫レハ何ヂヤト申スニ。所謂公權ト申スモノデ。既ニ政體略ニモ概論シテ置タ通リ。是レハ臣民

ガ憲法ノ制立ニ參預スル權利デ。例ノ代議士ト申ス者ニ公選セラレ。立法府ノ官員トナリテ。憲法ヲ商議スル權利。又此代議士トナルヘキ者ヲ選擇スル權利デゴザルガ。是ガ即民ノ心ヲ以テ民ヲ治ムル所以デ。例ノ君主專治ト上下同治ト相殊ナル所ハ。殊ニ此權利ノ有ルト無イトニアルヿデ。往昔ヨリ漢土抔ハ勿論。其外君主專治ノ國々ニモ。明君英主ノ世ニハ隨分ヨロシイ政事ノアリタヿモゴザレドモ。未タ臣民ニ此權利ガナ

カリタヿ故。如何イタシテモ立憲政體ノ様ニ行渡リタヿニハ參ラズ。殊ニ如何様ナ仁政モ多クハ其一代限リノヿデ。其次ニ闇君カ又ハ暴君カ出レハ。忽其政事ノ摸様ガ變リテ。全ク民心ヲ失フ様ナヿニナルテゴザル。堯舜ノ蒭蕘ニ諮詢スルト云フヿモアリ。又唐ノ魏徴ノ語ニ。明君暗君ノ相分ル、所ハ。偏信ト兼聽ニアル抔イフヿモアリテ。漢土抔ハ往古カラ大ニ他邦ニ優リタ政事モアリタナレドモ。其蒭蕘ニ諮詢スル制度モ。兼聽

スル制度モ。確乎ト立テ居ルヿデハナイ故。其時
代ノミノヿニナリテ永續致サヌデゴザル。臣民
ニ此公權ノアルノハ。即チ蒭蕘ニ諮詢シ。或ハ無聽
スル制度ノ確乎ト立タノデ。下情ニ通ジ民心ヲ
得ルニ。此上ノ良法ト云フモノハナイデゴザル。
尤モ先刻モ申シタ通リ。此ノ如ク臣民ニ公權サ
ヘアレバ。縱令暴主闇君ガ出タカラトテ。決シテ
憂フルニ足ラヌト云フ訣デハナイ。隨分立憲政
體ノ國々ニモ。大ニ名實ノ齟齬シタモノモアリ

タナレ氏。併シ一變箇樣ナ政體ノ立タカラニハ。如
何間違フテモ。マサカ桀紂ノ暴逆ニ陷ル樣ナヿ
ハ先ヅハナイ訣デ。到底追々ト公明正大ノ政ニ赴
クハ必然ノヿデゴザルカラ。夫レ故實ニ是程結構
ナ權利ハナイデゴザル。畏クモ　朝政復古以來。
博ク公議輿論ヲ採リ玉ハントノ　聖旨ニテ。集
議院ヲ設ケサセ玉フモ。即チ追々此權利ヲ起シ玉
フ所以デ。實ニ仁政此上モナイヿデゴザル
諸段々申シタ樣ナ訣デ。立憲政體ノ國々デハ。必

先ヅ公議輿論ヲ採リテ憲法ヲ制立シテ。臣民ノ生命權利及ビ私有ノ三ツヲ保護スルヲ第一ノ要務トスルガ。併シ右ノ國々ノ内ニモ。自ラ開化文明ノ遲速モアリ。又國々ニテ人情風俗モ自ラ相違シテ居ル故。宜シク時ト處トノ二ツニ注意シテ。時勢人情ノ宜シキニ適スル憲法ヲ立テ。又追々ト改革シテ參ルヿデ。縦令如何程結構ニ見エテモ時勢人情ニ協ハヌモノデハ。何ノ益ニモ立タヌノミナラズ。却テ害ヲ生ズルヿモアルデゴザル。往古

希臘ノ一賢人椶倫ト云フ者ガ。其國法ヲ改革シタ時分ニ。或人ガ足下ハ萬世不朽ノ良法ヲ立テタリヤト問フタルニ。椶倫之ニ答ヘテ。吾レハ萬世不朽ノ良法ト云フモノヲ知ラズ。唯現今ノ時勢人情ニ適スル良法ヲ立テタリ。ト申シタル由デゴザルガ。實ニ此答コソ不朽ノ確言デゴザル。元来歐州デ第一番ニ立法府ト云フモノガ立テ。右ノ如ク保護ノ行届ク樣ニナリタ國ト申スハ。所謂英國デ此國ハ實ニ奇妙ニ結構ナ國デ。既ニ數

百年前ヨリ追々ト右様ノ手續ニ運テ。夫ヨリ追々ト時勢風俗ノ變遷ニ應シテ。程ヨクソノ憲法ヲ改革致シテ。遂ニ今日ノ姿ニナリタデゴザルガ。尤モ其内ニハ暴君杯モ出テ度々騒亂モ起リ。又殊ニ一度杯ハコロムエルト云フ大英傑ガ出テ顛覆ガ起リ。一旦政體ノ變ジタヿモアリタナレド。到底其氣運ガ宜シイ方ニ宜シイ方ニト向テ。始終學者ノ議論ト政府ノ舉措トガ。夫ニ齟齬スルヿナク並ヒ進テ。遂ニ今日ニ至リテハ確乎不

拔萬世不易ノ政體トナリタヿデ。實ニ他邦ノ人サヘモ感歎致シテ。元来英國人ノ性ハ。格別ニ善良ナ所カラ。自ラ箇様ニナリタモノヂヤト申ス程デゴザル。併シ其外ノ國々デモ。今ノ政體ノ起ル萠シト云フモノハ。數百年前カラノヿデアリナガラ。此英國ノ如ク早ク其運ビニ參ラナンダヿヂヤガ。是レハ固ヨリ開化文明ノ進歩ガ遅カリタ故。其頃ノ政學者ニハ。君主專治ノ政體ヲヨシトスル人ガ多ク。殊ニ佛國杯デハヘ子ロンボシュエ杯

云フ教化師。抜群ノ政學者デゴザリタカ。皆君主
專治ヲ無上ノ良政體トスル論デ。此論ヲ以テ國
王路易第十四世ニ信任セラレテ。大ニ此王ノ專
治ヲ輔翼シタ位ノヿデアリタ故。久シク其政體
ノ改革モナカリタヿヂヤガ。其後例ノ孟得斯咎
或ハ蘆騷杯。其外多クノ大學者ガ出テ。追々公明
正大ノ議論ヲ唱ヘテ。專治ノ政體ヲ覆サントス
ル勢ガ盛ニナリ。夫カラ遂ニ大顛覆ガ起リテ政
體ガ一變シ。又夫ガ追々各國ニ波及シテ。各國

共ニ種々ノ騷亂ガ起リ杯シテ。之ガ為ニ遂ニ此
八九十年前頃ヨリ。追々ト英國ニ倣テ立憲政體
ヲ立ル様ニナリタデゴザル。爾去何分ニモ英國
ノ如ク。能ク其時勢人情ニ適應スル憲法ヲ立テ
タ國ト云フハ甚少イヿデ。實ニ六ケ敷ヿト見エ
ルガ。併シ呉々モ此時處ノ二ツヲ知ラズシテ。唯書生
論デ政體憲法バカリ立派ニ立テタ所ガ。決シテ
何ノ詮モナイノミナラズ。却テ害サヘモアルヿ
デゴザルカラ。尤モ慎ムベク尤モ恐ルベキヿ[illegible]

夫故未ダ全ク開化文明ニ進マズシテ。愚昧ナ民ノ多イ國デハ。立憲政體ヲ立テ、。博ク公議輿論ヲ取リタトコロガ。唯頑愚ノ議論ノミデ。却テ治安ノ害ヲナスデゴザルカラ。箇樣ナ國デハ已ムヿヲ得ズ。姑ク專治等ノ政體ヲ用ヒテ。自然臣民ノ權利ヲモ限制シテ置カ子バナラヌヿモアルデゴザル。佛國抔頗ル開化文明ノ國デハゴザレ圧。兎角英國ヤ聯邦抔ノ樣ニ。全ク其臣民ニ不羈自立ノ權利ヲ與ヘテハ。却テ眼目タル安民ニ害

ノアルヿト見エテ。當今トイヘ圧。右ノ二國等ニ比スレバ。臣民ノ權利ヲ限制スルヿガ多イデゴザル。既ニ百年程前ノ普魯士(プロイス)國王ナル非的利大(フレデリキ)王ト申ス人ハ。頗ル賢君ナル上ニ王公ニハ稀ナル學者デ。政學ニ付テ著書モ澤山アリ。殊ニハカヲ極メテ君主ノ專權ヲ痛斥シタ程ノ人デゴザルガ。其位ノ人デサヘ。別段專治ノ政體ヲ廢シテ立憲政體ニ改メタト云フヿモナク。又大ニ臣民ニ不羈ノ權利ヲ與ヘタト云フ程ノヿモナク。唯漸

ヲ以テ追々ト宜シイ方ニ赴ク様ニ。少シツヽ改革ヲシテ参リタト云フハ。即チ能ク時勢ヲ知リタ所以テ。其頃ハ普魯士ノ開化文明ガ猶浅イヿ故。儀ニ政體ヲ變ジテ臣民ニ十分不羈ノ権利ヲ與ヘテハ。却テ大ニ治安ノ害ニナルト云フヿヲ知リタモノヂヤカラ。決シテ左様ナ迂闊ナヿハセズ。唯追々ト民ノ知識ガ開ケルニ従テ。漸ヲ以テ政體憲法ヲ變ジテ参ル様ニ。其道ヲ付ケタノミデゴザル。實ニ政柄ヲ執ル人ハ。決シテ此所ヲ忘却

シテハナラヌデゴザル。乍レ去茲ガ甚ダ六ケ敷所デ。又追々ト開化ガ進テ参リテモ。何時迄モ因循姑息ニ安シデ。政體憲法ヲ改革スルヿヲ知ラズ。猶古制ヲ墨守シテ居ル様デハ。是亦治安ハ出来ヌデゴザルカラ。呉々モ時ト處トニ注意シテ。夫レニ相應スル政體憲法ヲ用フル様ニイタサ子バナラヌデゴザル。乍レ去開化ノ浅イ國デハ已ムヿヲ得ズ。専治ノ政體ヲ用ヒテ。且ツ臣民ノ権利ヲモ限制セ子バナラヌトハ申シナガラ。箇様ニスルト

云フモ。元来姑ク已ムヲ得ザルニ出ルヿデゴザルカラ。其心ハ須臾モ安民ノ眼目ヲ離レテハナラヌデゴザル

真政大意巻上終

하권卷下

그런데 앞에서 말해 왔던 대로, 먼저 우선 헌법을 세우고, 신민의 생명과 권리 및 사유재산의 세 가지를 시종 보호하는 것이 치술의 첫 번째 급무인데, 그렇다면 이것만 확실하게 할 수 있다면 그것으로 정부가 해야 할 일(職掌)을 다 하는 것인가 하면 결코 그렇지는 않고, 이로부터 다시 정부가 해야 할 여러 가지 일들이 나오는 것이다. 정부가 해야 할 일에 대해서는 옛날부터 학자들의 논의가 여러 가지로 나뉘어 있는데, 일단은 크게 세 가지로 귀결된다. 먼저 첫 번째 논의의 대강을 말해 보자면 정부가 해야 할 일이라는 것은 신민의 생명, 권리, 사유재산의 세 가지를 분명히 보호할 뿐, 처음부터 끝까지 이것만 게을리하지 않는다면 그 외에 정부가 해야 할 일은 없다는 것으로, 이외의 것에 대해서 여러 가지로 정부에 신세를 지게 되면 도리어 신민의 권리를 속박기미束縛羈縻[61]하게 되므로, 이는 나라를 다스리는 본의本

意에 반하는 것이라는 주장이다. 또 두 번째 논의의 대강을 말하자면, 정부가 해야 할 일이라는 것은 결코 보호에만 그치지 않고, 그 외에도 또한 오늘날 신민들 간 교제상의 일들 모두를 정부가 도와 그 행복을 얻게 하도록 하지 않으면 안 된다는 것으로, 무엇 하나라도 신민들에게 맡겨 두어서는 안 된다는 주장이다. 이 두 가지 논의는 서로가 물과 불처럼 완전히 달라서 도저히 서로 섞일 수 없는 편협한 주장(僻論)을 펼치는 것이니, 채택하기에 적당하지 않다.

왜냐하면, 첫 번째 논의처럼 만일 정부가 다만 신민의 보호에만 힘을 쏟는다면 신민안생의 토대는 분명히 이루어지겠지만, 그러나 그것은 다만 토대일 뿐, 아직 그 안생의 방술이라는 것이 마련되지 않았으니 행복을 얻을 수 없고, 그렇게 되면 진정한 치안을 영위할 수 없는 것이다. 또 두 번째 논의처럼 지금 신민교제상의 일들은 무엇이건 모두 정부에서 뒤를 봐주어 하나라도 결코 신민에게 맡겨 두어서는 안 된다고 하면, 결국 이로 인해서 신민을 속박하고 위축시켜서 그 권리를 크게 제한하게 되므로 설령 그 마음은 안민을 이루고자 하는 바람으로 절실하여도, 결국에는 마음에도 없는 학민虐民에 빠질 수밖에 없을 것이다. 즉 이 두 가지 논의는 마치 물과 불과도 같은 관계이니, 모두 편협하게 치우치지 않을 수 없으므로, 이와 같은 논의들로는 도저히 진정한 정치를 이룰 수 있다고 말할 수 없다.

그러면 여기에서 세 번째 논의는 어떠한 것인가 하면, 이것은 저절로 앞선 두 가지 논의 가운데의 중용中庸을 얻은 것으로 즉 지당한 논

61 굴레와 고삐로 자유롭지 못하게 옭아맴.

의라고 할 것이다. 원래 신민의 생명, 권리, 사유재산의 세 가지를 보호하는 것이 중요함은 앞서 설명한 대로이므로 먼저 이를 제일로 힘쓰지만, 그러나 그것만으로는 첫 번째 논의처럼 국가의 치안을 영위하기에는 충분하지 않으므로 거기에서 다시 교화, 무육撫育 등 모든 오늘날 신민을 권도하여 그 행복을 얻게 하는 데에 관련된 것들 역시 원래부터 정부에서 가능한 한 힘을 써야 하는 것이다. 특히 이것은 오로지 시정권병에 관련되는 것인데, 그러나 두 번째 논의처럼 오늘날 일어나는 신민 간 교제상의 일들을 무엇하나라도 신민에게 맡기지 않고 모두 정부에서 한다고 해서는 안 되고, 모두 신민에게 맡겨 두어서 가능한 일이라면 가급적 정부에서 손을 대지 않되, 다만 신민에게 맡겨 두어서는 안 되는 일만은 어쩔 수 없이 정부에서 뒤를 봐주는 것을 본래의 취지로 한다. 그것은 또한 어째서 그러한가 하면, 앞에서 설명한 대로 원래 치국의 목적이라는 것은 오직 안민에 있을 뿐인데, 함부로 아무 일에나 정부에서 힘을 가하여 결코 신민에게 맡기지 않게 된다면 설령 그 마음이 아무리 공명정대하다고 해도, 다만 신민을 속박하여 위축시키게 되므로 이미 언급한 대로 오늘날 신민을 위해서 정부가 있다고 하는 도리를 잃고 도리어 정부를 위해서 신민이 있게 되면서, 저 국가정부가 일어난 연유인 천리에도 반하게 되기 때문이다.

정부의 해야 할 일이라는 것이 앞에서 설명한 대로이므로, 이제 다시 그 할 일은 두 단계로 나뉘는데, 제1단을 보호保護라고 하고, 제2단을 권도勸導[62]라고 한다. 제1단의 보호란 즉 앞에서도 언급한 것처럼 헌법이라는 것을 세워서 이로써 신민을 보호하는 것을 말하고, 제2단의 권도라는 것은 교화, 무육 등에 관련된 모든 일을 말하는 것인데, 제1단의 보호에 대해서는 이미 대강 논의하였으므로, 이로부터는 권도에 대한 대강을 논의할 것이다. 종종 언급한 것처럼 보호라고 하는 것은 치술 제일의 급무이므로, 이것을 제쳐두고서 먼저 권도에 대한 것에만 마음을 써서는 결코 진정이라고는 말할 수 없는 것인데, 특히 개화가 서지 않은 나라에서는 소위 보호가 급선무임을 모르고 오직 권도에 대한 것에만 힘을 쓰며 그것을 지극히 인자한 정치라고 생각하기도 한다. 그러나 이는 대단히 선후완급의 순서를 그르친 것으로, 그렇게 해서는 마치 기초를 닦지도 않고 집을 짓는 것과 비슷해져서 기껏 인자한 정치라고 생각했던 일도 아무런 도움도 되지 못하게 되는 것이니, 부디 이 순서를 망각하지 말고 먼저 첫 번째로 보호의 방술을 분명하게 세우고 난 이후에 두 번째 권도로 옮겨가지 않으면 안 된다.

그런데 권도라는 것은 앞에서 말한 대로 교화와 무육 등을 가리키는데, 먼저 오늘날의 지식을 열고, 윤리를 밝히며, 풍속을 정비하는 일로부터 그 외에 백공기예百工技藝[63]를 열어 이용후생의 방술을 온전케 하고 병자를 보살피며 가난한 이를 구제하는 등의 일에 이르기까지 모두 신민을 권도하여 그 행복을 가져오게 하는 것들로, 이러한 일들 또한 본래 정부에서 등한시해서는 안 되는 것들이다. 그중에서도 첫째로 지식을 여는 것이 중요하므로, 먼저 많은 학교들을 세워서 두

62 타일러서 이끎.

63 온갖 장인들의 각종 재주와 기술.

루 교화가 빈틈없이 미치도록 하지 않으면 안 된다. 또 둘째로는 백공기예를 여는 것도 중요하니, 이 두 가지가 모두 개화開化하지 않는다면 그야말로 안민이라고 하는 경우에 도달할 수 없으므로, 또한 이러한 일들에도 마찬가지로 진력하지 않으면 안 되는 것이다. 그러므로 유럽의 여러 나라들에서는 이 두 가지 개화를 진전하는 데에 모든 힘을 쏟는다. 앞에서 말한 보호의 도리를 분명히 세우고 나서 이 지식과 백공기예의 두 가지 개화를 이룬다면 이미 안민의 방술에도 유감스러운 바는 없을 것이다.

그렇지만 여기에서 마땅히 알아 두어야 할 것은, 이미 앞에서 사람에게는 반드시 불기자립의 정과 권리의 두 가지가 있고 이것이 즉 일신의 행복을 얻는 제일의 기초를 이루는 것이므로, 헌법을 제정하여 세우는 데에 있어서 먼저 부디 이 정과 권리를 제한하지 않도록 하지 않으면 안 된다고 하는 점을 논의하였는데, 또한 정부가 권도를 하는 데에 있어서는 부디 이와 같은 도리를 몰라서는 안 되는 것으로, 권도의 일이 설령 아무리 중요하다고 해도 위의 두 번째 논의처럼 지나치게 정부에서 간섭이 심하여 무엇 하나 신민에게는 맡기지 않는다면 크게 이 정과 권리를 속박하고 위축시키는 일이 되어서 도리어 권도가 되지 않을 것이다. 그러므로 권도의 본래 뜻이란, 천하의 모두를 위해서 어쩔 수 없이 신민의 권리를 제한하지 않을 수 없는 종류의 일들은 부득이하게 오로지 정부가 홀로 맡아서 행해야 하지만, 그 밖의 일들에 대해서는 만일 신민의 힘이 미치기 어려운 경우라면 우선 정부에서 그 단서를 열고서 점차 신민이 이를 배워서 스스로 거기에 종사해 가도록 인도하기만 하면 되고, 이외에는 모두 신민이 하는 대로 맡겨서 가급적 예의 정과 권리를 펼치게 하도록 하지 않는다면 신민이 그 행복을 초래하는 일은 불가능하므로 그 궁극적인 목적인 안민에는 도달할 수 없을 것이다. 그러므로 부디 이 도리를 잊지 않도록 하고, 안민을 위해서 어쩔 수 없는 경우 이외에는 결코 이러한 정과 권리를 제한해서는 안 된다.

그런데 부패하고 세속적인 학자와 관리 등은 이와 같은 도리를 알지 못하므로, 자칫하면 두 번째 논의처럼 천하의 일은 모두 정부에서 거들지 않으면 안 되는 것처럼 생각하고, 이것도 저것도 다 하지 않으면 안 된다고 하여 귀찮게 말을 섞고, 함부로 지나치게 간섭하여 예의 정과 권리를 속박하니 실로 곤란한 일이다. 특히 부패한 학자들의 논의들 가운데에는 종종 태고의 질박한 풍속을 사모하여 지금 세상에서도 그러한 풍속으로 돌아가도록 하지 않으면 안 된다고 하거나, 혹은 요사이는 성인의 제도를 사용하지 않아서 인민의 빈부가 그럭저럭 비슷하지 않고 부유한 자는 더욱 부유해지고 가난한 자는 더욱 가난해져서 이에 따라 풍속도 퇴패하는 것이므로 옛날의 정전井田, 균전均田, 혹은 구분전口分田 등의 제도에 기초하여 지금에 상응하는 제도를 세워서 가급적 민의 빈부를 균등하게 하지 않으면 안 된다고 말하기도 한다. 또는 후본억말厚本抑末이라고 하여 농업은 국가의 근본이므로 가능한 한 힘을 쏟아야 하고 공상工商은 그 말단이므로 가급적 억제해야 한다는 주장을 하거나, 그 외에도 혹은 곡가의 평균이니, 또는 이권利權을 관官이 잡아야 하느니 하며 여러 가지를 말하는데, 많은 경우는 모두 잘못된 것들뿐이어서 크게 불기자립의 정과 권리를 억제하게 되니 이는 대단히 해로운 것이다.

어째서냐고 묻는다면, 일단 첫째로 태고의 질박한 풍속을 지금 세상에서도 부활시키고 싶다고 하는 것은 대단히 잘못된 도리로 크게 개화의 방해가 되는 까닭을 대략 논해 보고자 한다. 이미 이것은 내가 서민들의 지견知見을 열기 위해서 저술한 『교역문답交易問答』[64]이라는 책에도 대략 논하였던 바인데, 대개 사람의 지식이라는 것은 후세에 이를수록 점점 개화하는 것으로, 지식이 개화함에 따라서 세상이 점차 개화문명의 영역으로 나아가 모든 백공기예와 이용후생의 방술이 점차 진전해 가는 것이 만국의 자연스러운 도리이자 역사상에서도 분명하게 알 수 있는 것이다. 이렇게 지식이 점점 개화하게 되면, 어떻게 하더라도 옛날의 몽매한 세상과 같은 질박한 풍속이라는 것으로는 돌아갈 수 없는 것 또한 자연스러운 도리로, 지금 세상에서도 도회와 벽읍 간의 인정과 풍속에는 하늘과 땅만큼의 차이가 있음은 얼핏 살펴만 보아도 즉시 알 수 있을 것인데, 이렇게 큰 차이가 생기는 것도 다만 곧 개화의 순조로움과 순조롭지 못함의 차이일 뿐이다. 그러므로 사람의 지식과 기예가 개화해 간다면 도저히 태고와 같은 풍속은 이어질 수 없는 것이니, 즉 그것이 정말로 잘 된 일인 것이다. 태고의 질박한 풍속이라는 것은 얼핏 들은 바로는 자못 귀하고 애틋한 것인 듯하나, 사실은 아직 사람의 지식이 깨치지 않았기 때문에 우직한 것으로 결코 지킬 만한 것이 못 된다.

그러나 그렇게 말하면, 풍속이 그 질박함을 잃고 경박해지는 것이

64 가토 히로유키가 1869년 곡산루(谷山樓)에서 출판한 책으로, 자유주의적 외국무역의 유리함과 중요성을 강조했다.

마땅하다고 말하는 것처럼 들리겠지만 결코 그렇지는 않다. 원래 풍속이 경박해진다는 것은 나쁜 방향으로 깨우친 것이지 진정한 개화라고는 말할 수 없다. 진정한 개화라는 것은 깨우치면 깨우칠수록 저절로 풍속도 순정해지는 것인데, 이것은 곧 교화의 도리가 빈틈없이 미쳐서 그야말로 지식이 개화하였기 때문으로 지금 유럽의 각국들은 대개 이렇게 진정한 개화로 향한 것이다. 그런데 고풍의 학자라는 자들은 어찌된 일인지 이와 같은 이치를 모르고 태고의 질박한 풍속만을 사모하여 무엇이건 옛날로 돌아가는 것을 더할 나위 없이 훌륭한 일로 알며, 시세의 변천이나 지식의 개명 등에는 조금도 눈을 돌리지 않고 지금 세상도 역시 그와 같이 되어야 한다고 생각하여 겨우 의복이 지나치게 화려하네, 음식이 지나치게 사치하네 하면서 소위 찬합(重箱)의 구석을 젓가락으로 청소하는 것처럼 함부로 간섭하면서 태고의 질박한 풍속으로 돌아가려고 하니, 이것은 실로 곤란한 일이다. 원래 사치라는 것은 결코 좋은 것은 아님에는 틀림없으므로 힘껏 이를 방지하려고 하지 않으면 안 되는 것이기는 하다. 하지만 원래 세상이 개화하게 되면 이 사치의 정도라는 것도 점점 바뀌어 가는 것이니, 천 년 전에 사치라고 하였던 것이 백 년 전에는 평상적인 것이 되고, 또 지금에 이르러서는 도리어 지나치게 절검할 정도가 되는 것도 많다.

그런데 단지 지금 말한 것처럼 예의 태고의 질박한 풍속만을 만세불역의 좋은 풍속으로 알고 있는 부패한 학자 등의 눈으로 보자면, 오늘날의 것들은 틀림없는 사치로 여겨지는 것이다. 이와 같은 사람의 마음에 드는 것은, 소위 술집까지는 3리길, 두부집까지 2리길은 걸리는 산속에 살고 있는 사람 이외에는 없을 것이다. 이러한 사람을 보고

실로 질소절검質素節儉[65]에 힘써서 태고의 좋은 풍속을 잃지 않은 것이라 하며 필시 칭찬할 것인데, 이런 눈으로 지금 세상을 보면서 겨우 사치니 화려니 지적을 받는다면 실로 대단히 곤란한 일인 것이다. 이와 같은 부패한 학자 등의 논의라는 것은 모두 이처럼 자연의 도리에 반하는 것들뿐으로, 국정을 쥔 자는 부디 이런 도리를 아는 것 또한 중요하다. 시세도 아무것도 생각하지 않고 함부로 이와 같은 일에 간섭하여서는 설령 마음으로는 정말로 절실하게 안민을 바란다고 하여도 결국에는 마음에도 없는 학민에 빠지고 말 것이다. 또 앞에서 말한 것처럼, 세상의 빈부를 균등하게 하자고 하여, 정전井田, 균전均田 또는 구분전口分田 등의 옛 제도에 기초해서 지금에 어울리는 제도를 세우고자 하는 생각을 하는 학자들도 약간은 있겠으나, 원래 세상의 빈부를 균등하게 하려고 하는 것이 당치도 않은 착각이자 안민에 대단히 해가 되는 일이다. 왜냐하면 예의 불기자립의 정과 권리의 두 가지는 가급적 신장하게 하지 않으면 안 되는 것인데, 누구라도 이 정이 있는 자라면 각각 자기가 뒤처지지 않으려고 경합하게 마련이고, 이 경합하는 정이 있기 때문에야말로 사람들이 자유로이 자기 행복을 가져올 수 있다. 이 정이 곧 자연과 세상의 개화를 진전시키는 것으로 이로부터 백공기예와 기기양교奇器良巧도 점점 뛰어나게 되고, 이에 따라 이용후생의 방술도 갖추어져서 결국에는 국가의 부富라는 것이 점점 증가하게 된다. 그러므로 정부가 이 정과 권리를 속박하여 위축시키지 않고 사람들이 서로 다투어서 그 행복을 추구하도록 맡겨 두

65 사치하거나 꾸미지 않으며 절약하고 검소하게 함.

면, 자연스레 안민의 경지에도 이르게 되는 것이다. 그러나 입헌정체의 나라들에서는, 이렇게 자기가 뒤처지지 않으려고 경합하는 정에 맡겨 둔다고 해서, 결코 자기 멋대로 굴어도 괜찮다고 말하는 것이 아니다. 거기에는 반드시 예의 헌법이라는 것이 있기 때문에, 결코 여기에 반하여 타인의 권리를 굴해屈害하는 것과 같은 일이나, 혹은 풍속을 해치는 것과 같은 일 등은 허락되지 않는다. 그러나 이러한 폐단만 없으면 그 나머지 일들에 대해서는 모두 사람들에게 맡겨 두어 각각 뒤처지지 않고자 생각하는 뜻을 장려하니, 이것이 곧 진정한 정사政事라고 말하는 것이다.

그런데 빈부를 균등하게 하려고 하는 것과 같은 논의는, 약간만 들어보면 매우 인자한 정치인 것처럼 여겨지지만, 이렇게 하는 것은 불기자립의 정과 권리를 속박하고 위축시키는 일로서, 아무리 재주와 능력을 가진 자라도 자기 재능을 펼치지 못하게 된다. 또 우매하거나 나태한 자들에게 이와 같은 정치는 매우 감사한 일인 것처럼 생각되겠지만, 이 또한 깊이 생각해 보면 그들을 위해서라도 사실은 인자한 정치가 아닌 것이다. 왜냐하면 이처럼 각자가 뒤처지지 않으려고 경합하는 일은 노력하면 할수록 스스로 부유해지게 되고, 또 노력하지 않으면 않을수록 더욱 가난해지게 되는 것이므로, 우매하거나 나태한 자도 스스로 노력하게 되어 자연스레 천부의 재주와 능력을 연마하여 각자에게 상응하는 행복을 얻을 수 있을 터인데, 앞에서 말한 것처럼 빈부를 동등하게 하는 제도를 세운다면 이러한 무리는 우매함과 나태함에 머물면서 점점 더 빈곤해지게 되어 결국 국가의 곤궁함과 풍속의 퇴폐를 낳는 근본이 되는 것이다.

일찍이 유럽에서도 옛날 그리스가 왕성했던 시대에 이와 유사한 제도가 있었고, 또한 그 후에 '코뮤니스메communisme'라거나 혹은 '소시알리스메socialisme'라고 하는 두 파의 경제학이 일어난 일이 있었다. 이 두 파가 조금 다른 데는 있지만 일단은 대동소이大同小異하여, 당시 천하의 백성들이 함께 살아가는 데 의식주를 비롯한 모든 것들을 어디에도 치우치지 않게 똑같이 하자고 주장했던 것인데, 원래 이 학파들이 일어난 연유는 천하의 인민을 각각의 자의에 맡겨 두어서는 그 재능의 유무와 근면함의 정도에 따라서 크게 빈부의 차이가 생겨나 부자는 더욱 부유해지고 가난한 자는 더욱 가난해지게 되어 결국 온 세상의(四海)의 곤궁함이 이로부터 생겨나게 되므로, 오늘날 먹고 입는 것을 비롯한 그 밖의 사유하는 토지, 기물 및 산업 등에 이르기까지 모두 사람들의 자의에 맡기지 말고, 각자가 사유한 것을 모두 합하여 정부에서 간섭함으로써 이와 같은 빈부를 없애려고 한 데에 있었다. 이른바 구시救時의 일법一法[66]으로 본디 권도의 절실한 마음에서부터 나온 것임에는 틀림없었으나, 그 제도의 엄혹함이 실로 견딜 만한 것이 아니어서, 앞에서 말한 소위 불기자립의 정과 권리라는 것을 속박하고 위축시키는 데에 이보다 심한 것이 없었으니, 실로 치안에 있어서 가장 해로운 제도라 말할 수 있을 것이다.

또한 후본억말이라고 하는 말이 있다. 이것은 농업은 근본이고 상공업은 말단이므로 농업을 힘써 두텁게 하고 상공업은 억제하도록 하는 것이 치국의 요무라는 뜻으로 부패한 지식인 등이 마치 입버릇

66 당시에 맞는 적절한 처방. 그 시대를 구원할 좋은 방법.

과도 같이 떠드는 말이다. 이 말 역시 불기자립의 정과 권리를 속박하는 것으로 대단히 잘못된 주장이라 하겠다. 왜냐하면 부패한 지식인들의 논의는 앞에서 언급한 태고의 질박한 풍속이라는 것을 만세불후하다고 여기고 있는 데에서 이와 같은 일을 주장하는데, 이미『교역문답』에서도 말하였듯이 세상이 개화하고 사람의 지식이 증가해 깨치게 되면 저절로 사람의 기호嗜好라는 것도 많아지게 되므로, 거기에 따라서 오늘날의 모든 수요도 많아지는 것이 자연스러운 도리이니, 즉 이는 하늘(天)이 그렇게 되게 한 바이다. 이로부터 오늘날처럼 수요가 많아지면 상공업이 왕성해지지지 않을 수 없는 것 또한 당연한 것이니 결코 근심할 만한 일이 아니라 도리어 국가를 위해서 기뻐해야 할 것이다.

바로 이 점에서 부패한 지식인들의 견해가 어리석다는 것인데, 그들은 특히 질박한 풍속만을 좋아하고 세상의 개화와 같은 일은 꿈에도 모르면서 지식이 열리고 수요가 많아진다고 하는 것을 다름 아닌 사치의 증거라고 여기고, 상공업 등이 왕성해지면 점점 풍속이 화미유타華靡遊惰[67]하게 되어서 국가의 근본인 농업조차도 결국에는 그 풍속에 물들고, 점점 지력을 다하는 일에 소홀해져서 결국에는 이로부터 국가의 쇠약을 초래하게 되리라고 주장한다. 하지만 오로지 농업에만 힘쓰고 상공업은 가급적 억제하고자 생각하는 것이야말로 실로 잘못이며 대단히 치안에 해가 되는 일이다. 원래 농공상의 세 가지는 솥의 세 다리와도 같아서 세 가지가 맞물려야 오늘날 온 백성들을 먹

67 화려함만을 좇고 게을러짐.

여 살리는 데에 쓰일 수 있는 것이므로, 이 중에서 하나라도 빠져서는 나머지 두 가지도 역시 왕성해질 수 없음은 자명한 일이다. 특히 세상의 개화가 진전해 가면 갈수록 세 가지 모두가 점점 반드시 필요한 것이 된다. 그런데 이와 같은 도리는 조금도 알지 못한 채, 다만 농업만이 왕성해지도록 힘을 쓰고 상공업은 가급적 쇠퇴하도록 하려는 것은 가령 홍수의 범람으로 인한 농지의 수해를 제거하고자 하여 다만 농지 근처의 수로만 정비하고 하류는 내버려 두는 것과 같은 일로, 설령 아무리 상류의 하천정비를 하여도 하류를 그대로 내버려 두어서는 물의 흐름이 결코 좋아지지 않고 도리어 수해는 더욱 심해지는 것이다. 후본억말의 논의도 꼭 이와 같아서, 근본인 농업을 아무리 열심히 왕성하게 하고자 한들, 농업이 만들어낸 것으로부터 여러 가지 물품을 조제하거나 혹은 팔거나 하는 상공업을 억누른다면 그 근본인 농업도 저절로 억눌리게 되지 않겠는가.

그러므로 정부에서는 이런 어리석은 일을 하지 말고 다만 예의 세 가지 모두가 서로 왕성해지게 되는 데 마음을 쓰고, 대개는 자연의 기세에 맡겨서 쓸데없는 간섭을 하지 않으며 단지 그 장애가 되는 것을 제거하는 데에만 주의를 기울여야 할 것이다. 원래 개화가 미천한 나라에서는 특히 농업에 붙는 세금이 지나치게 무겁고 상업에 붙는 세금은 거의 없을 정도이므로 사람들이 자연히 농업을 기피하고 상업으로 돌아서는 경우가 있는데, 이것은 대단히 적절치 않은 일이므로 이와 같은 일은 가급적 개혁하여 조세가 평균이 되도록 하지 않으면 안 될 것이다. 그렇다고 그 개혁이라는 것도 결코 서두르는 것은 적절치 않으니, 서서히 개혁해 가지 않으면 자칫 백성들이 고통에 빠지게 될 수 있다.

또 그 밖에도 우리 옛것만을 사모하는 모고慕古선생은 종종 곡가의 평균을 내세우며 소위 상평창常平倉[68] 등을 주장하고, 혹은 또 이권은 관에서 조절해야 한다는 등의 여러 가지 논의를 내놓지만, 이 역시 많은 경우 그 이름만 그럴듯하고 그 실질은 도리어 국가의 해를 낳기 쉬운 것들이다. 원래 옛날의 질박한 세상에서는 정부의 비용이 적었기 때문에 상평창을 두는 일도 그다지 어렵지 않았을 것이나, 지금과 같이 점점 개화해 가는 세상에서는 정부의 비용이라는 것도 제법 적지 않아서 영국, 프랑스 등과 같이 부강한 나라들에서조차 매년 보통의 출비出費조차도 다 메꾸지 못할 정도인데, 게다가 우리나라에서 이러한 일들을 하고자 하면 자연히 언제나 인민을 수렴收斂하지 않으면 안 되게 된다. 그렇게 되면 또한 그로부터 여러 가지 폐해가 생겨나게 될 것이므로 많은 경우는 도리어 인휼仁恤[69]의 본의에 어긋나는 일도 생길 것이다. 또 지금처럼 만국의 교역이 왕성해진 세상에서는 설령 국내에 아무리 큰 대기근이 들어도 외국의 미곡이 있으므로 그다지 걱

68 곡물가격의 조절을 위해서 국가에서 설치한 창고. 이 정책은 풍년과 흉년에 따라 곡물가격의 변동이 심할 수밖에 없는 시대에 그 변동에 따라 생활을 위협받는 일반 농민들을 보호하고, 반대로 거기에서 부당한 이윤을 취하는 상인의 활동을 억제하려고 하는 생각을 배경으로 한 것이다. 중국에서는 이미 BC 54년 전한시대에 이러한 정책의 시초가 발견되며 이후의 여러 왕조들에서 계속 시행되었다. 한국에서는 993년 고려 성종 시기에 시작되어 이후 조선시대까지 존속되면서 1608년에 선혜청(宣惠廳)으로 이름이 바뀌기도 하였다. 일본의 경우 나라(奈良)시대인 759년부터 이 제도가 시작되었고, 이후 에도(江戸)시대까지도 미토(水戸)·아이즈(会津)·가고시마(鹿児島)번 등의 여러 지역에서 시행되었다.

69 덕으로써 사람을 불쌍히 여겨 도움.

정할 일은 아닐 테니, 상평창이 없어도 크게 곤란할 일은 없을 것이다. 그러므로 이와 같은 것은 일단 묻어두고, 그보다는 가급적 국가의 개화문명을 재촉하는 데에 많은 비용을 들이도록 한다면, 거기에 따라서 국가의 부가 늘어날 것이므로 곡물가격의 상승 정도는 그다지 곤란한 일이 아니게 될 것이다. 그러나 그럼에도 빈곤으로 곤란을 겪는 것과 같은 경우는 어쩔 수 없이 빈원貧院[70]이나 병원 등을 세워서 도움을 주지 않으면 안 되겠지만, 그렇지만 이러한 것들도 많은 경우는 그 선한 명목에 비해 그 실질에는 폐단이 많이 있으므로, 그 제도를 대단히 잘 세우지 않으면 도리어 인민을 나태로 이끌게 될 것이다.

거기에서 또한 이권을 관에 맡긴다는 것은 대단히 그릇된 생각으로, 모든 이권이라는 것은 인민이 잘 조종할 수 있는 것도 아니고, 또 관이 능히 조정할 수 있는 것도 아니며 단지 소위 자연의 기세(勢)에 달려 있는 것이다. 『교역문답』에서도 대강 논해 둔 대로, 모든 미곡과 금은을 비롯한 갖가지 물품들이 모두 그 가치에 의해 생겨난다는 것은, 말할 것도 없이 그 물품을 필요로 하는 사람과 그 필요에 상응하는 물품의 많고 적음의 차이에 의한 것으로, 필요로 하는 사람은 많은데 그 수요를 충족하는 물품이 적으면 그 가치는 저절로 높아지고, 또 필요로 하는 사람은 적은데 수요보다 물품이 많으면 그 가치가 낮아지며, 또 사람과 물건의 수가 대개 비슷하면 그 가치도 저절로 중등中等에 머무는 것이 자연스러운 도리이다. 그러므로 이권은 사람이 능히 조종할 수 있는 것도 아니고, 또 관이 능히 조종할 수 있는 것도 아

70 빈민수용시설.

니라고 함은 이런 도리로부터 말한 것이다. 그렇지만 이것이 소위 헌법과 교화가 중요한 연유로, 헌법이 좋지 않거나 또는 교화가 잘 이루어지지 못하여 풍속이 좋지 않으면 어쨌든 간사한 사람(姦民)이 인위적인 수(人作)를 내어 자연스러운 흐름을 방해하고 이권을 훔치려고 하는 일이 많이 일어나게 된다. 그러므로 먼저 헌법을 잘 세우고, 또 교화에 힘을 다하면서 동시에 여기에 반하여 사사로운 이익을 영위하기 위해서 타인의 권리를 굴해하는 일이 일어나지 않도록 시종 마음을 쓰는 것이 정부의 중요한 임무로, 소위 보호가 중요하다고 말한 이유이다. 이 임무만 빈틈없이 행해져도 이권에 대한 것은 자연의 기세에 맡겨 두어도 결코 해는 없을 것이다. 그런데 어리석은 논의를 펼치는 사람은 간사한 사람 등이 이권을 훔쳐서 자연의 흐름을 막는 것은 헌법제도가 제대로 서지 못하였기 때문이라는 점은 알지 못하면서, 오로지 이권을 관에서 조종해야 한다고만 생각하는데, 이는 당치도 않은 착각이다.

이전 유럽에 모노폴리monopoly라고 하여 상인들 가운데 전매권을 허락받는 제도가 있어서 상업매매는 이 권리를 가진 이가 아니면 불가능하게 한 제도가 있었는데, 이것은 대단히 적절치 않은 것으로 즉 이권을 특정한 이에게만 부여하는 제도였다. 원래 특허patent라고 해서 새롭게 발명한 기기나 기술과 같은 것들에 연한을 정하여 그 기간 동안은 그것을 발명한 자에게만 전매의 권리를 부여하는 것이 있었는데, 이것은 즉 백공기예를 장려하는 것으로 보통의 모노폴리가 아니므로 실로 적절한 제도라고 말할 수 있다. 우리나라에서도 종래 상인들에게 주식이라는 것이 있어서, 그 주를 사지 않으면 그 상업매매를 할 수 없다고 하는 법이 있었는데, 이것이 즉 모노폴리와도 비슷한 것으로 대단히 적절치 않은 제도였다. 소위 이권을 인민에게 빼앗긴다고 하는 말은 즉 이로부터 생겨나는 것인데, 물건 가격의 높고 낮음이 그 주식을 공유한 동지들 간의 합의에 따라 마음대로 정해지면서 그 밖의 사람들이 어떻게 생각하든 어찌할 도리가 없게 된다.

그런데 관리는 이와 같이 주식은 해가 된다는 것을 모르고, 어쨌든 이권이 아래로 옮겨가서는 안 된다고만 생각하여 쌀 시장을 비롯하여 땔감과 석탄, 술과 기름과 같은 것들에 이르기까지 정부에서 그 정가를 정하고 그로부터 이권을 관이 가졌다고 여기고 있는 것은 대단한 착각이다. 왜냐하면 원래 주식이라는 것이 있고, 단지 그 동지들 간에서 상담하여 미리 가격을 정하여 그것으로 정부에 출원하는 것이니, 이는 원래 주식을 나눠가진 동지들이 정한 가격으로 자연스레 정해진 가치가 아닌 것이다. 거기에서 이 인위적으로 정한 가치를 기초로 두고 정부에서 지나치게 비싸다고 하여 이 가격을 내리도록 여러 가지로 궁리를 해 보지만, 원래 관리라는 것은 아무리 뛰어난 자라도 이문을 따지는 데에는 어둡기 때문에, 어떻게든 예의 주식을 가진 자들에게 속아 넘어가 대개는 그들이 신청한 대로 정가를 정한다. 또는 그렇지 않으면 본디 간교한 자들임을 어찌어찌 알고 있으면서도, 주식을 가진 자들로부터 뇌물을 받아 대개는 그들이 신청한 대로 정해주는 것과 같은 일도 있으므로 아무런 도움이 되지 않는 것이다. 또한 원래부터 정말로 청렴한 관리일 경우에는 다만 세상의 난삽한 데에만 주목하여, 원가 등의 일에 대해서는 조금도 개의치 않아서 대단히 맞지 않는 가격으로 정하는 것과 같은 폐해도 가끔 있으므로 어느

쪽이 좋다고 말하는 것은 불가능하다. 이것이 즉 주식이 있는 경우와 또 정부에서 지나치게 간섭하는 경우의 폐해로 이 도리를 잘 분별하고 밝히지 않으면 안 되는 연유인데, 이 주식이라는 것을 두지 않고 누구든지 상업매매를 하고자 하는 자는 일단 관의 면허만 받으면 가능하도록 하면 동지들끼리 상담하여 간계를 부리는 일도 불가능해지므로, 사람들 각자가 뒤처지지 않고 경합을 벌이게 되어서 이로부터 가격은 저절로 내려가게 될 것이다.

가령 여기에 갑, 을, 병 세 명의 상인이 있어서 갑은 원가 1냥兩의 품목을 1냥 1분分[71]에 팔아 1분씩의 이익을 취하는데, 물건을 산 사람이 겨우 백 명뿐이어서 간신히 25냥의 벌이를 얻었다. 거기에 을은 다시 이것을 1냥 3주朱[72]씩에 팔기 시작하니 살 사람이 2백 명이나 3백 명은 있었다. 그렇다면 한 사람의 벌이는 3주뿐이지만, 2백 명으로 하면 37냥 2분의 벌이, 3백 명으로 하면 56냥 1분의 벌이가 있으므로, 염가에 팔아도 많은 수를 파는 쪽이 이득이라고 하는 식으로 경쟁하게 된다. 거기에 다시 병의 생각으로는 2주씩의 이익을 취해도 타산이 맞는데 3주씩의 이익으로는 너무 비싸다. 이쪽이 1냥 2주로 판다면 4백 명이나 5백 명의 살 사람이 반드시 있을 것이다. 그렇게 되면 60냥이나 70냥 벌이는 반드시 있을 것이니 모두 이렇게 각자가 뒤처지지 않으려고 경합하게 되므로, 저절로 그 가격은 내려가지 않을 수 없다.

이것이 즉 사람의 불기자립의 정에 맡겨 두고 정부에서는 이런저

71 에도시대(江戸時代)에 쓰이던 화폐단위로, 1냥의 4분의 1.

72 에도시대의 화폐단위로, 1냥의 16분의 1. 1분의 4분의 1.

런 간섭을 하지 않는 편이 낫다고 말한 연유로, 이렇게 되면 이권이라는 것은 설령 아무리 인민이 조종하려 한다고 해서 결코 조종할 수 없을 것이다. 왕정복고 이래로 이러한 일들이 점차 개혁되고 있는 형세이니 그야말로 대단한 일이라 할 것이다. 모든 일이 이와 같은데도 어쨌든 부패한 지식인이나 세속적인 관리 등은 이러한 도리를 꿈에도 모르고, 천하의 일은 대소를 불문하고 무엇이든 정부에서 간섭하지 않으면 정부라고는 할 수 없다고 생각하며, 이렇게 하는 것이 모두 인자한 정치를 행한다고 여겨서 때마침 중요한 자리에 임용되기라도 하면 인정이니 국익이니 하면서 함부로 사방팔방에 손을 대고 싶어 하는 것이 대개는 예의 불기의 정과 권리를 속박하여 위축시키는 것이므로, 결국에는 국가의 개화를 방해하게 되어 백성들을 고통에 빠뜨리는 것이다.

유럽에서도 물론 옛날에는 이와 같은 여러 일들로 치안을 그르친 사례가 그 예를 열거할 수 없으리만치 많다. 정치를 연구한 학자의 주장이라도 이는 마찬가지로, 이미 앞에서도 언급했던 볼프와 같은 대학자조차도 앞에서 말한 것과 같은 주장을 펼친 일이 있고, 또 근세에도 자못 이와 같은 어리석은 정치(愚政)를 시행한 사례를 얼마든지 찾을 수 있다. 이제 두세 가지 예를 들어 말하자면, 지금으로부터 대략 백여 년 정도 전에 영국이나 네덜란드에서 모포나 목면 등을 비롯한 여러 가지 물품을 다른 나라로부터 수입하는 일을 금지하고 국내에서 제조한 상품이 아니면 쓰지 못하게 하는 명령을 내어서 만일 이 명령을 어긴 자는 엄벌에 처할 것이라는 법도마저 세운 일이 있었는데, 이것은 원래 국내에서 제조하는 물품들의 판로를 늘려서 나라 안의 공인工人들에게 이익을 얻게 하고 또 물품의 제조를 장려하려는 어진 마음(仁心)으로부터 나온 것이었지만, 사실 이것은 대단히 잘못된 일로 그로 인해 이득을 본 자는 공인들뿐이고, 이러한 물품들이 필요한 자들에게는 외국에서 수입한 물품이 더욱 값이 싸고 정교한 것이었으나 이를 구하지 못하게 되면서, 싸지도 않고 질도 나쁘다는 것을 알면서도 엄격한 명령에 따라 어쩔 수 없이 국내의 물품을 찾아야 하는 모습이 되어서 도리어 인민의 고통을 낳게 되었던 것이다.

다만 지금 이권利權에 대한 논의 가운데 물가라고 하는 것은 상인이 각자 뒤처지지 않으려고 경합하는 데에서 자연스레 저하하게 된다고 말하였는데, 공업의 일도 마찬가지여서 공인들이 각각 뒤처지지 않으려 경합하는 데에서 자연스레 물품의 제조가 정교해지고 가격도 저절로 저렴해지게 되는 것이다. 그러므로 정교하고 저렴한 외국의 물품을 수입하면 다만 국내에서 물건을 사는 사람들을 위해서 마땅할 뿐만 아니라, 또 크게 국내의 공인을 장려하게 되어 무엇이건 외국의 물품보다는 정교하게 제조하고 또 염가에 팔지 않으면 이문을 얻을 수 없게 되어 더더욱 노력하게 되니 저절로 국내에도 좋은 물품이 생기게 되는 것이다.

그러므로 국내의 공인이 이익을 얻도록, 또 국내 물품의 제조가 많아지도록 하겠다고 해서 수입을 금지하는 것은 도리어 국내의 제조를 쇠퇴시키는 일이다. 그 외에 또한 외국수입품의 가격을 국내의 물품보다 비싸게 하거나 그것이 팔리기 어렵게 하려고 수입품의 운송을 어렵게 하는 일도 있는데, 이 또한 국내의 물품을 잘 팔리도록 하여 공인에게 손해를 입히지 않겠다는 뜻에서 나온 것으로 이는 얼핏 인자한 정치를 베푸는 것처럼 보이기도 하지만 천하를 위해서는 물론 공인 스스로를 위해서도 역시 좋지 않은 일로, 결국 그 뜻을 이루지 못할 것이다.

그 외에 또한 이와는 다른 방식으로 수입을 금지하고자 하는 논의도 있다. 그것은 또한 어째서인가 하면, 대개 외국의 물품을 수입하려면 반드시 국내의 금은화폐를 외국에 수출하게 되므로 각각 금은이 감소하여 결국 국가의 빈곤을 초래하게 되니, 이는 대단히 적절하지 않다는 논의로부터 나온 주장으로, 이미 경제가의 논의에도 나라의 부를 바란다면 사들이기를 멈추고 오직 팔지 않으면 안 된다고 하는 말이 있을 정도인데, 이 또한 크게 잘못된 것이다. 왜냐하면 금은 등이라는 것은 원래 굶주림이나 목마름을 해소할 수 있는 것도 아니고 추위와 더위를 넘길 수 있도록 해 주는 것도 아니므로, 오늘날 교제상에서 사실은 음식이나 의복과 같이 하루라도 없어서는 안 된다고 할 정도의 것은 아니다. 다만 오늘날의 매매, 교역을 편리하게 하는 데에 반드시 없어서는 안 되는 것이기는 하지만, 빈부라는 것은 결코 금은의 많고 적음에 있는 것이 아니라, 다만 그 필요로 하는 물품의 많고 적음에 있는 것이다. 그런데 언제나 금은의 많고 적음을 가지고 빈부를 논한다는 것은, 금은을 많이 가지면 내가 많은 물품을 살 수 있고 또 적게 가지면 적은 물품밖에 살 수 없다는 의미로, 사실 목표로 하는 것은 금은이 아니라 물품이다.

그렇게 보면, 설령 금은을 아무리 외국에 수출하였다고 한들, 그냥 버리는 것이 아니라 그 대신에 물품들을 국내에 수입하는 것이므로 이는 국가의 부가 더해지는 도리이니 결코 걱정할 일은 아니지 않은

가. 게다가 또한 국내에서도 물품들의 제조를 장려하여 점차 늘려 간다면, 역시 이것이 외국으로 나가기 때문에 외국의 금은이 원하던 대로 국내로 들어오게 되는 것이니 결코 걱정할 만한 일은 아닐 것이다. 그런데 예의 경제가의 이야기처럼 사는 것을 멈추고 파는 데에만 힘써서 금은을 국내에 모아만 둔다고 하면, 이는 대체 무엇을 위하는 일이란 말인가. 기근이 들었을 때에 금은을 먹어서 배를 채울 것인가. 극한 추위가 몰아칠 때에 금은을 몸에 두르고 있으면 따뜻해지는 것일까. 또 외구外寇가 습격해 올 때에 금은으로 진지를 쌓으면 방어가 가능할까. 국가의 부라는 것은 금은이 아니라 물품에 있다고 하는 것은 실로 명료한 일이 아니던가.

또 수출을 금지한 예도 많이 있었다. 그것은 또한 어째서인가 하면, 국내의 물품이 점점 외국으로 나가서는 물가가 더욱 올라가 국가가 곤궁해지는 것을 우려하였기 때문으로, 이 또한 인자한 정치를 베풀고자 하는 마음으로부터 나온 것임에는 분명하나, 사실은 대단히 잘못된 소견이다. 원래 물품들은 그 흐름이 많아지면 많아질수록 그 제조도 따라서 증가하는 것이 마땅한 도리로, 즉 이는 국가의 부를 더하게 되는 일이므로 외국교역이 시작되었다고 해도 일시적으로 물가가 오를 때에는 인민들이 어려움에 처할 것은 당연한 일이나, 이로 인하여 점점 물품의 제조가 늘고 국가의 부가 증가하므로 결코 우려할 만한 일이 아닌 것이다. 이미 『교역문답』에서도 언급했던 대로, 물가의 흐름에는 선악의 두 가지가 모두 있어서, 외국과의 교역 등으로 인한 물가의 일시적 상승은 지금 말한 것처럼 국가의 훗날을 위해서는 대단히 기뻐할 일이다. 또한 국내에 소란이 있거나 질병 등이 유행하여 물품의 제조가 정체하고 물건이 부족해지면, 이로 인해서 결국에 큰 물가의 폭등을 낳는 일이 있고, 또 화폐의 가치가 점점 떨어져 가게 되면 이로 인해서 또한 폭등이 생겨나는 것과 같은 일이 있는데, 이러한 일들은 대단히 적절치 못한 경우로 이로 인한 인민들의 어려움이라는 것은 간단치 않다. 실로 국가를 위해서도 슬퍼할 만한 일이다.

거기에 또한 물가가 떨어지는 데에도 선악의 두 가지가 있어서, 다만 지금 말한 대로 외국교역 등으로 인해서 물품의 흐름이 점점 증가하면 일시적으로는 그 상승을 낳지만, 이로 인해서 물품 제조가 증가하고 점차 균형을 이루게 되면서 또한 물가가 자연히 저하하는 것이 당연한 일로 매우 기뻐할 만하지만, 또한 자국이나 외국의 소란, 질병 등으로 인해서 물품의 흐름이 나빠져 이미 들여놓은 물품의 가격이 이로 인해 돌연 저하하게 되는 일도 있으니 이러한 경우는 실로 슬퍼해야 할 일이다.

그런데 이처럼 물가의 오르고 내림에는 선악의 두 가지 측면이 있는 것이므로 단지 오르고 내리는 데에만 주목하여 이러니저러니 말하는 것은 매우 잘못된 일이다. 그러므로 외국에 물품을 수출하기 위해서 일시적으로 물가가 오르는 것은 훗날을 위해서 도리어 기뻐해야 할 일이며, 수출을 금지하는 등의 일은 실로 더할 나위 없이 어리석은 정치(愚政)인 것이다.

또한 이외에도 여러 가지로 정부에서 간섭을 지나치게 해서 크게 그르친 사례가 얼마든지 있는데, 유럽 각국은 요사이에 이르러서는 크게 개화가 진전하였기 때문에 이러한 어리석은 정치가 점점 없어지고, 이제는 가급적 예의 불기자립의 정에 맡기는 것을 본의로 삼아 정부에서 간섭하지 않는 것을 중시한다. 그러나 이러한 그릇된 간섭 이외에 반드시 정부에서 간섭하여 신민을 권도하지 않으면 안 되는 일도 많이 있지만, 설령 그 올바른 종류의 권도라고 해도 역시 헌법의 부분에서 논한 대로 우선 첫째로 그 나라 개화의 얕고 깊음의 정도와 그 인정 및 풍속을 주의하여 살핀 연후에 종사하지 않으면 안 되는 것이다. 개화가 진전하지 않은 나라일수록 정부에서 많은 간섭을 하지 않으면 결국 안민이라는 목적에는 도달하지 못하는 것인데, 거기에서 이 권도에 따라 점점 개화가 진전하게 되면 다시 점차 그 간섭을 줄이고 인민에게 맡기도록 하지 않는다면 설령 그 마음이 아무리 절실하게 안민을 바란다 하여도 결국에는 백성들을 고통에 빠뜨리게 되는 것이다.

지금 영국이나 아메리카 연방 등에서는 교화에서 가장 중요한 학교마저도 정부가 간섭하기보다는 인민이 개인적으로 학교를 세우는 데에 힘을 쓰는 경우가 도리어 많을 정도이며, 그 외에도 어떤 일이건 대개는 신민에게 맡길 수 있게 되었다. 후쿠자와 씨[73]가 『서양사정외편西洋事情外篇』에서 "런던부[영국의 수도]의 정치를 살펴보니, 그 정치의 취지는 부내의 물품수요를 돕고 권장하는 것도 아니고, 또 그 공급을

73 福澤諭吉(1835-1901). 메이지시기의 교육자, 언론인. 근대 일본을 대표하는 계몽주의자로, 관(官)으로부터 벗어난 개개인의 독립과 민간의 사립(私立)이 당시 일본에 중요하다는 점을 특히 역설하였다. 『서양사정(西洋事情)』은 후쿠자와가 1866년 저술한 책으로, 당시 유럽 및 미국의 사정을 소개하는 내용을 담고 있다. 이후 1867년 재차 도미하였다가 귀국하여 이듬해인 1868년 『서양사정외편(西洋事情外篇)』 3책을 간행하였다.

제한하는 것도 아니며, 다만 오는 것을 막지 않고 가는 것을 잡지 않으며 인간과 자연의 흐름에 맡길 뿐이다 운운"(3권 경제의 총론)이라고 적었는데, 실로 이 말 그대로이다.

그렇지만 앞에서 말한 대로, 무엇보다도 때(時)와 장소(處)의 두 가지에 주의하지 않으면 안 되는 것이므로 개화가 얕은 나라에서 유럽 각국의 흉내를 내서는 안 되며, 우선 교화의 도리에만 힘을 쏟아 윤리를 밝게 하고 풍속을 바로잡는 등의 일은 물론, 그 외에 모든 백공기예, 이용후생의 방법 등이 여러모로 개화하도록 진력하는 것이 중요하다. 이러한 일들은 다만 인민에게 맡겨 두었다가는 인민의 어리석음으로 인해 언제까지 지나도 태고의 풍속을 벗어나지 못할 터이니, 결국에 개화문명의 영역에는 도달하지 못할 것이다. 유럽 각국이 지금의 개화문명의 영역에 도달한 것도 실로 교도教導가 미치는 곳으로부터 조금씩 증기나 전기 등의 학술이 열리고 신기한 기계와 뛰어난 기술의 발명이 거의 그 수를 헤아릴 수 없을 정도가 되어, 이로부터 백공기예가 나날이 성대해지면서 마침내 거의 이용후생의 방법을 모두 강구하게 되었기 때문이다. 이는 실로 세상이 일신하였다고 할 정도의 일이므로, 다른 개화가 얕은 나라에서는 우선 이러한 점을 잘 주목하여 이를 모범으로 삼고, 정부는 오로지 여기에 마음을 써서 신민을 교도하지 않으면 안 되는 것이다. 그렇지만 앞에서 말한 대로 부디 이러한 교도에 의거하여 개화로 나아가는 데 있어서는 정부에서 간섭을 지나치게 하는 폐단이 없도록 가급적 인민에게 맡기고자 하는 뜻을 잊어서는 결코 안 되니, 그렇게 하지 않는다면 진정이라고는 말하기 어려운 것이다. 그러나 한층 더 나쁜 것은 군주천제나 전치의 나라에서 자칫 인민을 편안하게 하려는 마음은 조금도 품지 않고, 단지 정부의 사리사욕을 채우기 위해서 국익을 추구한다거나 또는 국가의 이익을 일으킨다든가 하는 명분을 붙여서 상인들이 할 업業을 관으로 가져와 인민의 이익을 빼앗으려고 하는 등과 같은 일이 있는데, 이는 실로 새삼 말할 필요도 없는 가장 악한 경우라고 할 것이다.

발문 跋文

손무孫武[74]의 말에, 적을 알고 나를 알아야 한다(知彼知己)고 하였고, 맹가孟軻[75]의 말에 기세를 타고(勝勢) 때를 기다려야 한다(待時)고 하였다. 지금 가산假山[76]을 보면서 산이 올려다보기에 부족하다 말하고, 종지에 담긴 물(盆水)을 보며 물이 두려워하기 부족하다 말하는 것은 겨울에 볍씨를 뿌리고 여름에 보리를 심고서 그것이 자라서 익기를 바라는 것과 같으니, 오호라 이 어찌 천하의 큰일을 더불어 도모할 만하다 하겠는가. 천하가 어지러워지는 까닭은 비록 천만 가지 다양한 이유들로부터 나오는 것이라고는 하나, 요컨대 견식이 좁은 학자들이

74 중국 춘추시대(春秋時代) 오(吳)나라의 병법가. 『손자병법』으로 잘 알려져 있다.

75 맹자. 孟軻는 맹자의 성명.

76 돌을 층층이 쌓아 올려 산의 모양으로 만든 조형물.

시세를 모르고 범용한 관리들이 적과 나를 알지 못하며, 무미건조한 이치만 읊어대고 진부한 법도만 지키고 있으면서 이로부터 사람들의 성정이 게을러지고 제멋대로 행동하게 된 지 오래되었음을 알지 못하기 때문이다. 무릇 사람들의 성정이 게을러지고 제멋대로가 되면 곧 저 이치와 법도가 장차 쓸데가 없어지는 것이다. 내 친구 가토 대학대승大學大丞이 이에 대해 개탄하는 바가 있어 일찍이 『입헌정체략立憲政體略』이라는 책을 지어 유럽정치의 대강을 기록하였고, 이어서 그 함의를 강술하여 다시 이 책을 지었다. 내가 받아서 읽어보고는 책상을 박차고 소리치며 탄식하기를, 오호 천지의 이치에는 끝이 없으니 유자儒者가 태극太極이라 칭하고 불자佛者가 허무虛無라 칭하였으나 그 이른바 태극이니 허무니 하는 것들이 또한 이름을 빌려서 그 묘妙함을 표현한 것일 뿐이다. 유럽의 요사이의 학문은 그 묘함을 증험하고 실천하며, 기계를 발명하는 것이 나오면 나올수록 새로우니, 저 태극허무의 공언空言과 비교하면 그 영험함과 보잘것없음 사이에는 큰 차이가 있다. 정치가 간이하고 정제한 까닭에 사람들이 자주권리自主權利를 보존할 수 있고 문명개화라 부르기에 조금도 부족함이 없는 것이다. 가토 대학대승의 학문이 박식하고 높아서 그 논리가 지루함에 빠질 틈이 없고 그 논법은 진부하지 않아 능히 저들의 뇌수를 흡수하고 우리의 오장육부를 채워 주니, 정치를 행하는 방술을 적는 데 빠뜨린 바(遺蘊)[77]가 없다고 말할 수 있을 것이다. 내가 서양의 문장을

77 遺蘊. 빠지거나 새어나가 드러나지 않은 채로 남은 중요한 함의. 옛 사람들이 남겨 놓은 식견, 도리.

한 글자도 읽을 수 없지만 그 정치학술상의 대강을 상세히 알 수 있는 것 또한 가토 대승의 은덕이니, 이에 이렇게 글로 남긴다.

명치明治 경오庚午 천장절天長節

권대사權大史 이쿠타 구와시(生田精)[78] 적다.

78 막부말기~메이지 시기의 법률가. 쓰루다번(鶴田藩)의 번사 출신으로, 메이지 유신 이후 사법성에 근무하면서『全国民事慣例類集』등의 책임편집을 맡았다.

真政大意巻下

加藤弘之 講述

偖段々申ス如ク。先ッ第一憲法ヲ立テ、。偖臣民ノ生命權利及ヒ私有ノ三ッヲ始終保護スルノガ。治術ノ第一急務デゴザルガ。左様ナラバ此事サヘ慥ニ出来レバ。夫レデ政府ノ職掌ハ濟ムカト云フニ決シテ左様デハナイ。是レカラ又追々ト政府ノ職掌ガアルデゴザル。尤モ此政府ノ職掌ニ付テハ。古来ヨリ學者ノ議論ガ。色々ニ分レテ居ルナレド。先ッ大要三通リニ歸スルヿヂヤガ、其第一論ノ大意ヲ申シテ見レバ。政府ノ職掌ト云フハ。臣民ノ生命權利私有ノ三ッヲ慥ニ保護スルノミデ。始終此事サヘ怠ラ子バ。外ニ政府ノ職掌ト云フハナイ。此外ノヿニ色々ト政府デ世話ヲヤクハ。却テ臣民ノ權利ヲ束縛羈縻スルヿニナリテ。治國ノ本意ニ背クトイヒ。又第二論ノ大意ヲ申セバ。政府ノ職掌トイフハ。決シテ保護ノミノヿデハナイ。其外又都テ今日臣民交際上ノ諸事。悉ク政府デ。世話ヲヤイテ。其幸福ヲ得サセル様ニ致サ子バナラヌヿデ。何一ットシテ臣民ニ任セテ置テ。ヨイト云フヿハナイト云フ論デ。此二論全ク氷炭ノ相違デゴザルガ。併シ到底互ヒニ僻論ト申スモノデ。取ルニ足ラヌヿデゴザル何故ト申スニ第一論ノ様ニ。政府ガ唯臣民ノ保護ニサヘ力ヲ盡セバ。臣民安生ノ土臺ハ確乎トシタヿナレ𪜈。併シ夫レ

ハ唯土臺ノミデ。未ダ其安生ノ術ト云フモノガナイ。故。所謂幸福ヲ得ルヿハ出来ヌ訣デ。ソレデハ真ノ治安ヲ営ム場合ニハ参ラズ又第二論ノ様ニ。今日臣民交際上ノ諸事ハ。何事ニヨラズ政府デ世話ヲヤイテ。何一ットシテ決シテ臣民ニ任セテ置テハナラヌト申ス様デハ。遂ニコレガ為メニ臣民ヲ束縛羈縻シテ。大ニ其権利ヲ限制スルカラ。縦令ヒ其心ハ安民ニ切デアリテモ。遂ニハ心ニモナイ虐民ニ陥ルヨリ外ニ致シ方ハナイ。茲

ガ即チ此二論ノ氷炭ノ相違ハアリナガラ。共ニ僻
論タルヲ免レヌ所以デ。箇様ナ丁デハ。迚モ真政
トハ申サレヌデゴザル。偖ソコデ然ラバ第三論
ハ如何様ナ丁ヂヤト云フニ。是レハ自ラ前ノ二論
ノ中庸ヲ得タモノデ。即チ至當ノ論ト云フベキモ
ノデゴザリテ。固ヨリ臣民ノ生命權利私有ノ三ツ
ヲ保護スル丁ノ肝要ナ丁ハ。既ニ論ジタ通リノ訣
ヂヤカラ。先ツ之ヲ第一ニ務メルガ。併シ夫レノミノ丁
デハ第一論ノ様デ。國家ノ治安ヲ營ムニハ足ラ

ヌ丁ヂヤカラ。ソコデ又教化撫育等。都テ今日臣
民ヲ勸導シテ。其幸福ヲ得セシムル丁ニ至リテ
モ。固ヨリ政府デ精々力ヲ用ユベキ丁デ。殊ニ此
事ハ專ラ施政權柄ニ属スル丁デゴザルガ。併シ第
二論ノ様ニ今日交際上ノ諸事。何一ツトシテ臣民
ニ任セル丁ナク。悉ク政府デスルト云フ訣デハ
ナイ。都テ臣民ニ任セテ置テ出来ル丁ハ。成丈ケ政
府デ手ヲ出サズ。唯臣民ニ任セテ置テハ出来ヌ
丁ノミハ。已ムヲ得ズ政府デ世話ヲヤクヲ。本意

ト致スデゴザル。夫レハ又何故左様スルト申スニ。度々論ジタ通リ。素ト治國ノ眼目ト申スハ。唯安民ヨリ外ニハ何モナイノニ。猥リニ何モ角モ政府デカヲ盡シテ。決シテ臣民ニ任セヌト云フ様デハ。縦令ヒ心ハ如何程公明正大デモ。所謂唯束縛羈縻スルヿニナルカラ。既ニ申シタ如ク。今日臣民ノタメニ。政府ガアルト云フ道理ヲ失ヒ。却テ政府ノタメニ臣民ガアルヿニナリテ。彼國家政府ノ起ル所以ノ天理ニモ背クデゴザル。帝範ニ民者國之先。國者君之本。ト云フヿガアルガ。誠ニ感服ナ語デゴザリテ。實ニ此道理ヲ失ハヌ様ニ致サ子バナラヌデゴザル

偖右申ス通リノ訣ヂヤカラ。政府ノ職掌ト云フモノガ。二段ニ分レルヿテ。第一段ヲ保護ト云ヒ。第二段ヲ勸導ト申シテ。第一段ノ保護ト申スハ。即チ前ニモ申シタ通リ。憲法ト云フモノヲ立テヽ。之ヲ以テ臣民ヲ保護スルヿヲ云ヒ。又勸導ト云フハ。教化撫育等ノヿヲ都テ申スデゴザルガ。第

一段ノ保護ノヿニ付テハ。既ニ大槩ヲ論シ了リタヿデゴザルカラ。是レカラハ即チ勧導ノ一段ヲ荒増論スルデゴザラウガ。度々申シタ如ク。保護トイフモノハ。治術ノ第一ノ急務デゴザルカラ。此事ヲ指置テ。先ッ勧導ノヿノミニ心ヲ用ヒテハ。決シテ真政トハ申サレヌヿデゴザルノニ。兎角開化ノ足ラヌ國デハ。所謂保護ノ急務タルヿヲ知ラズシテ。只管勧導ノヿノミニ従事シテ。夫レヲ至極ノ仁政ト思テ居ルトヂヤガ。甚ダ先後緩急ノ序

ヲ誤リタヿデ。夫レデハ譬ヘバ基礎ヲ置カズニ。家ヲ建テル様ナモノデ。折角仁政ト思テスルヿモ。何ノ益ニモ立タヌヿニナルデゴザルカラ。呉々モ此順序ヲ忘却セズシテ。先ッ第一ニ保護ノ術ガ慥ニ立タ所デ。ソコデ。第二ニ勧導ニ移テ子バナラヌデゴザル。偖勧導ト申スハ右申ス如ク。教化撫育等ノヿデ。先ッ今日知識ヲ闢キ。倫理　明カニシテ。風俗ヲ整ヘルヿカラ致シテ其外百工技藝ヲ闢テ利用厚生ノ術ヲ盡スヿ。及ヒ養病濟貧等

ノヿ。都テ臣民ヲ勸導シテ。其幸福ヲ招カシムル
ヿデコザリテ。是等ノヿモ。固ヨリ政府デ等閑ニ
致シテハナラヌデゴザル。就中第一知識ヲ闢ク
ヿガ肝要デゴザルカラ。先ッ庠序學校ト云フモノ
ヲ設ケテ。偏ク教化ノ行届ク様ニ致サ子バナラ
ズ。又第二ニハ百工技藝ヲ闢クヿモ肝要デ。此二ッ
ガ開化致サ子バ。真ニ安民ト申ス場合ニハ参ラ
ヌヿヂヤカラ。又是等ノヿヲモ同様ニ盡力セ子
バナラヌヿデ。夫故歐洲各國テハ此二ッノ開化ヲ

勸メルヿヲ。專一ニ務メルデゴザル。例ノ保護ノ
遺ガ權半ト致シタ上ニ。此知識ト百工技藝トノ
二ッガ闢ケテ参レバ。最早安民ノ術ニ於テ遺憾ハ
ナイ。乍去玆ニ宜シク心得子バナラヌヿノアル
ト申スハ。既ニ論シタ如ク。人ニハ必ス不羈自立ノ
情ト權利トノ二ッガアリテ。是レガ即一身ノ幸福ヲ
得ル第一ノ基礎トナルエノデゴザルカラ。憲法
ヲ制立スルニ付テハ。先ツ能ク此情ト權利トヲ限
制セヌ様ニ。致サ子バナラヌト云フヿヲ申シタ

ガ。又勸導ヲナスニ付テモ。能ク此道理ヲ知ラ子バナラヌ丁デ。勸導ノ丁ガ縱令ヒ如何樣ニ肝要ナ丁ニモセヨ。例ノ弟二論ノ如ク。餘リニ政府デ世話ヲヤトスギテ。何一ットシテ臣民ニハ任セヌト云フ樣デハ。大ニ右ノ情ト權利トヲ束縛羈縻スル丁ニナリテ。却テ勸導ニハナラヌデゴザル。夫レ故勸導ノ本旨トスベキハ。都テ天下一般ノ爲メニ己ム丁ヲ得ズ。臣民ノ權利ヲ限制セ子バ出来ヌ筋ノ事柄ハ。無據全ク政府ニ引受ケテ從事セ

子バナラヌガ。其他ノ事ニ至リテハ。臣民ノ力ニ及ビ兼ル丁ヲ。先ヅ政府デ端ヲ開テ。追々ト臣民ガ之ニ傚テ。自ラ其事ニ從事シテ參ル樣ニ。其嚮導トナレバヨイ丁デ。其他ハ都テ臣民ノ爲スニ任セテ。可成丈ケハ例ノ情ト權利ヲ伸バサセル樣ニ致サ子バ。臣民ガ其幸福ヲ招クト云フ丁ハ出来ヌカラ。所謂眼目タル安民ニハ參ラヌデゴザル。夫レ故能ク此道理ヲ忘レヌ樣ニイタシテ。安民ノタメニ己ムヲ得ザルヨリ外ハ。決シテ右ノ情ト

權利ヲ限制シテハナラヌ。然ル所ガ腐儒俗吏杯ト云フモノハ。箇様ナ道理ヲ知ラヌモノヂヤカラ。動モスルト。第二論ノ様ニ。天下ノ事ハ悉ク政府デ。世話ヲヤカ子バナラヌモノヽ様ニ心得。ヤレ是ヒモセ子バナラヌ。彼モセ子バナラヌト。ヤカマシク云ヒ立テ。漫リニ世話ヲヤキスギテ。例ノ情ト權利ヲ束縛スルヿヂヤガ。實ニ困リタモノデゴザル。兎角腐儒杯ノ論ト申スモノハ。動モスルト。太古ノ質朴ナル風俗ヲ慕テ。今ノ世モ其様

ナ風俗ニ復スル様ニ致サ子バナラヌ杯云ヒ。或ハ近世ハ聖人ノ制度ヲ用ヒヌ故。民ノ貧富ガ兎角同様ニ参ラズ。富ム者ハ益富ミ。貧シキ者ハ益貧シクナリ。夫カラ隨テ風俗モ頽敗スルヿヂヤカラ。古ノ井田均田。或ハ口分田杯ノ制度ニ基イテ。今時ニ相應スル制度ヲ立テ。成丈民ノ貧富ヲ均シウセ子バナラヌ杯申スヿヲ論ジ。或ハ又厚本抑末杯申シテ。農ハ國ノ本ナル故。可成丈務メ子バナラズ。又工商ハ其末ナル者故。可成丈抑制

セヂバナラヌ抔云フ論ヲ立テ。其他或ハ穀價ノ平均ヂヤノ又ハ利權ヲ官ニ操ルヂヤノト。其外様々ノヿヲ云ヒ出スガ。多クハ皆間違タヿ計デ。大ニ不羈ノ情ト權利ヲ抑制スルカラ。甚ダ害ガアルデゴザル。何故ト申スニ。先第一太古ノ質朴ナ風俗ヲ。今ノ世ニモ復シタイト云フヿノ甚ダ間違タ道理デ。大ニ開化ノ妨ダトナル所以ヲ大畧論シマセフガ。既ニ此事ハ僕ガ小氏ノ知見ヲ闢カンタメニト。テ。著述イタシタ交易問答ト云

フ書ニモ。荒増論シテ置タ通リ。凡ソ人ノ知識ト云フモノハ。後世程追々闢ケテ参ルキノデ。夫ニツレテ世ノ中ガ。段々ト開化文明トナリテ。都テ百工技藝利用厚生ノ術ガ。次第ニ進テ参ルノハ。萬國自然ノ道理デ。歴史ノ上ニ明瞭デゴザル。ソコデ。左様ニ漸々ニ闢ケテ参レバ。如何致シテモ。徃古ノ蒙昧ノ世ノ様ニ。質朴ナ風俗ト申ス訣ニハ参ラヌヿモ。是亦自然ノ道理デ。當今ノ世迚モ。都會ト僻邑トノ人情風俗ハ。霄壤ノ如ク懸隔シ

テ居ル所ヲ見テモ。直ニワカルコテ。箇様ニ相違シテ居ルト申スモ。唯即チ開化ノ捗取リタト。捗取ラヌトノ相違デゴザル。夫レチヤカラ人ノ知識技藝ガ闢ケテ参レバ。迚モ太古ノ様ナ風俗ハ續カヌモノデ。即チ夫レガ誠ニヨイコナノデゴザル。太古ノ質朴ナ風俗ト云フモノハ。チーヨーツト聞タ所デハ。頗ル慕ハシイ様ヂヤガ。實ハ人知ノ闢ケヌタメニ愚直ナノデ決シテ取ルニハ足ラヌ風俗デゴザル。併シ左様申スト質朴ナ風俗ガ失セテ。輕薄

ナ風俗ニナルノガ。宜シイト申ス様ニ聞エリガ。決シテ左様デハナイ。素ト輕薄ナ風俗ニナルト申スハ。悪ク開ケタノデ。真ノ開化デハナイ。真ノ開化ト申スモノハ。開ケレバ開ケル二従テ。自ラ風俗モ淳正ニナルモノデ。茲ガ即チ教化ノ道ガ行届テ。真ニ知識ガ闢ケルタラノコデゴザリテ。當今ノ歐洲各國ガ先ツ大凡此真ノ開化ニ赴イタノデゴザル。然ルニ古風ナ學者ト申ス者ハ。何今ニモ此理ヲ知ラズ。兎角太古ノ質朴ナル風俗ノミヲ

慕テ。何デモ角デモ古ニ復スルヿヲ。此上モナイ結構ナヿト心得。時勢ノ變遷ヤ。知識ノ開明抔ニハ少モ目ヲ着ケズ。今ノ世ノ中モ。矢張其様ニ參ルモノト思テ。ヤレ衣服ガ立派スギルノ。飲食ガ奢侈ニスギルノト。所謂重箱ノ隅ヲ箸デ掃除スル様ニ。漫ニ世話ヲヤイテ。夫レデ太古ノ質朴ナ風俗ニ復シタガルヿヂヤガ。實ニ困リタモノデゴザル。尤モ奢侈ト云フヿハ。決シテヨイヿデハナイニ。相違ナイカラ。務メテ之ヲ防グ様ニ致サ子

バナラヌヿデハゴザレ𪜈。乍去元来世ノ開化ニ從テ。此奢侈ノ度ト申スモノモ。追々變リテ參ルモノデ。千年前ニ奢侈ヂヤト申シタヿハ。百年前ニハ平常ノヿニナリ。又當今ニナリテハ。却テ節儉ニスギル位ニナリタヿガ多イデゴザル。然ルニ唯今モ申ス如ク。例ノ太古ノ質朴ナ風俗ヲ。萬世不易ノ良風俗ト。心得テ居ル腐儒等ガ眼カラ見テハ。今日ノ事何ニヨラズ奢侈ニ相違ナイ。到底箇様ナ人ノ氣ニ入ルノハ。所謂酒屋ヘ三里豆

腐屋ヘ二里トカ申ス様ナ。山ノ奥ニ住デ居ル人ヨリ外ニハナイ。是等ハ實ニ質素節儉ヲ極メテ。太古ノ良風俗ヲ失ハヌ者ヂヤト申シテ。定メテ稱歎スルヿデゴザラウガ。左様ナ眼デ此ノ世ノ中ヲ視テ。ヤレ奢侈ヂヤノ立派ヂヤノト云ハレテハ。實ニ迷惑千萬ナヿデゴザル。到底箇様ナ腐儒輩ガ議論ト云フモノハ。都テ右様、自然ノ道理ニ背イタヿ計デコザルカラ。國政ヲ執ル人ハ能ク々々此道理ヲ知ルガ肝心デ。時勢モ何モ考ヘズニ。

漫ニ箇様ナヿニ世話ヲヤキスギテハ。縦令心ハ實ニ安民ニ切デアリテモ。遂ニハ心ニモナイ虐民ニ陷ルデゴザル

又右申ス如ク。世ノ中ノ貧冨ヲ均シウシヤウト存ジテ。井田均田又ハ口分田抔ニ基イテ。今時ニ相應スル制度ヲ立テタイ抔思フ腐儒モ儘アルヿヂヤガ。元来世ノ中ノ貧富ヲ均シウシヤウト申スヿガ。以ノ外ノ心得違デ。甚以テ安民ニ害ノアルヿデゴザル。何故ト申スニ。段々申ス通リノ

訣デ。例ノ不羈自立ノ情ト權利ノ二ッハ。成丈伸バサセル樣ニ致サ子バナラヌモノデ。誰シノ人モ此情ガアレバコソ。各我レ負ケシ劣ラジト競ヒ合フモノデ。此競ヒ合フ情ガアレバコソ。人々自在ニ其幸福ヲ招クヿガ出來ル。ソコデ。此情ガ即チ自然ト世ノ中ノ開化ヲ進メルノデ。コレカラ百工技藝奇器良巧モ追々闢ケ。隨テ利用厚生ノ術モ備ハリテ。遂ニハ國家ノ富ト云フモノガ段々ト増シテ參ル。夫レ故政府ガ此情ト權利トヲ束縛羈縻セズシテ。人々ガ相競フテ其幸福ヲ求メラレル樣ニ任セテ置ケバ。自然ト所謂安民ノ場合ニモ至ルデゴザル。併シ立憲政體ノ國々デハ。斯ク我レ負ケシ劣ラシト競合フ情ニ任セテ置クトテ。決シテ我儘勝手次第ヲシテモ。構ハヌト云フヿデハナイ。夫レニハ必ス例ノ憲法トイフモノガアルヿ故。決シテコレニ背イテ他人ノ權利ヲ屈害スル樣ナヿヤ。或ハ風俗ヲ傷ル樣ナヿ抔ヲ許スデハナイガ。併シ箇樣ナ弊サヘナイヿナラバ。其餘ハ都テ人々ノ働キ次第ニ任セテ置テ。各員ケジ劣ラジト思フ志ヲ励ミ遂ゲサセルヿデコザリテ。茲ガ即チ真ノ政事ト申スモノデゴザル。然ルニ貧富ヲ均シウシヤウ抔云フ論ハ。チ｜ヨツト聞イタ所デハ至極仁政ノ様ニ聞ユルヿナレ圧。右申ス不羈ノ情ト權利ヲ束縛羈縻スルヿ故。如何程才カノアルモノモ。其才カヲ伸スヿガ出来マヿニナリ。又愚昧ナモノヤ。懶惰ナ者ニハ。箇様ナ政事ハ至極難有イヿノ様ニ思ハレルデアラウガ。

是亦熟考シテ見ルト。箇様ナ華ノタメニモ實ハ不仁政ニナル。何故ト申スニ。右ノ如ク各員ジ劣ラジト。競ヒ合フテ勉強スレバスル丈ケ。己レガ富ヲ増シ。又勉強セ子バセヌ丈其貧ヲ増スト云フ様ニシテアレバコソ。愚昧ナモノヤ。懶惰ナ者モ。自ラ勉強スルヿニナリテ。自然ト天賦ノ才力丈ケハ磨キ出シテ。各相應ノ幸福ヲ得ルヿガ出来ル筈ノ所ガ。右ノ如ク貧富ヲ同ジウシヤウト云フ様ナ制度ガアリテハ。箇様ナ華ハ終ニ愚昧懶惰

二止マル丁ニナリ。就テハ益、其、貧困ヲ増ス道理
テ。到底國家ノ困窮風俗ノ頽敗ヲ生ズル根本ト
ナルデゴザル。既ニ歐洲ニモ往古希臘（ギリシャ）ノ盛ナ時
分之ニ類シタ制度モアリ。又其後ニ至リテハコ
ムミュニスメチヤノ。或ハソシアリスメ抔申ス。二
派ノ經濟學ガ起リテ。二派少々異ナル所ハアレ
ドモ先ッハ大同小異デ。今日天下億兆ノ相生養スル
上ニ於テ。衣食住ヲ始メ都テ今日ノ事ヲ何事ニ
ヨラズ。一樣ニシヤウト云フ論デ。元来此學派ノ、

起リタ所以ト云フモノハ。天下ノ人民ヲ各、勝手
ニ任セテ置テハ。其才不才ト勤惰トニヨリテ。大
ニ貧富ノ差ヒヲ生ジテ。富者ハ益、富ミ貧者ハ益、
貧シクナリ。就テハ四海ノ困窮モコレヨリ生ズ
ル丁ヂヤカラ。今日衣食住ヲ始メ。其外私有ノ地
面器物及ヒ産業等ニ至ル迄。都テ人々ニ任セル
丁ヲ止メ。各人ノ私有トイフモノヲ相合シテ。悉
ク政府デ世話ヲヤイテ。右ノ如ク貧富ノナイ樣
ニシヤウト云フ。所謂救時ノ一法デゴザリテ。素

ト勸導ノ心ノ切ナル所カラ出タ丁ニハ相違ナ
ケレ圧。其制度ノ嚴酷ナル丁實ニ堪ユベキニア
ラズ。例ノ所謂不羈ノ情ト權利トヲ束縛羈縻ス
ル丁。此上モナク甚タシイ丁デゴザルカラ。實ニ
治安ノ上ニ於テ。尤モ害アル制度ト申スベキノ
デゴザル

又厚本抑末抔イフ論ガアリテ。農ハ本。工商ハ末
ヂヤカラ。農ハ務メテ厚ウイタシ工商ハ務メテ
抑ヘル様ニイタスガ。治國ノ要務ヂヤ抔云フ丁

モ。能ク腐儒抔ノ口僻ノ様ニ申ス丁ヂヤガ。是又
不羈ノ情ト權利ヲ束縛スル丁デ。甚タシイ心得
違デゴザル。何故(ナゼ)ト申スニ腐儒ノ論ハ。到底例ノ
太古ノ質朴ナ風俗ヲ萬世不朽ノ丁ト心得テ居
ルカラシテ。箇様ナ丁ヲ申スノヂヤガ。既ニ交易
問答ニモ論シテ置タ通リ。世ガ闢ケテ人ノ知識
ガ増シテ參レハ。自ラ人ノ嗜好ト云フモノモ多
クナリテ來(ク)ルカラ。都テ今日ノ求需モ随テ多ク
ナルハ自然ノ道理。即(チ)天ノ然ラシムル所デコザ

ル。ソコデ今日ノ求需ガ多クナレバ。工商ト云フモノガ盛ニナラ子バナラヌモ。是亦當然ノ丁デ。決シテ憂フベキ訣デハナイ。却テ國家ノ為メニ賀スベキ丁デゴザル。爾去兹ガ腐儒ノ見ノ愚ナ所デ。兎角質朴ナ風俗ノミガ好(スキ)デ。世ノ開化抔申ス丁ハ夢ニモ知ラヌ所カラ。知識カ闢ケテ求需ガ多クナル抔云フ丁ハ。以テノ外奢侈ノ増長スル丁ト心得ル故。工商杯ガ盛ニナリテハ追々風俗ガ華靡遊惰ニ流レテ。國家ノ本タル農サヘモ

遂ニハ其風俗ニ染テ。漸々ト地力ヲ盡ス丁ガ粗(ヲロソカ)ニナリ。到底コレヨリ國家ノ衰弱ヲ招ク様ニナル抔イフ丁ヲ主張シテ。只農ノミヲ務メテ。工商ハ可成丈抑制スル様ニシヤウト思フノヂヤガ。實ニ誤リタ丁テ。甚ダ治安ニ害ノアル丁デゴザル。元來農工商ノ三ツト云フモノハ三鼎ノ様ナモノデ。三ツガ相須テ今日億兆養濟ノ用ヲナスモノヂヤカラ。此内一ツデモ缺クテハ。跡ノ二ツモ矢張盛ニ參ラヌハワカリ切リタ丁デ。殊ニ世ノ開化ガ

進テ參レハ參ル程。ニッカニッ共愈必用ナモノニナル。然ルニ箇樣ナ道理ハ少モ知ラズシテ。唯農ノミノ盛ニナル樣ニ骨折リテ。工商ハ成大衰ヘル樣ニシヤウ抔トスルノハ。譬ヘバ洪水ノ爲メニ田地ノ水害ヲ除カント思テ。唯田地ノ近邊計ノ川浚ヲシテ。下流ヲ打棄テ置クヤフナモノデ。縦令ヒ如何程上流ノ川浚ヲシタレバトテ。下流ヲ其儘ニシテ置テハ。流通ノヨクナル氣遣ハ決シテナイ。却テ水害ハ益々大キクナルデゴザル。厚本抑末ノ論モ丁度コレト同ジヿデ。本タル農ヲ如何程骨折リテ。盛ニシヤウトシタレバトテ。農ノ作リ出シタモノカラ。色々ノ物品ヲ造製シタリ。或ハ賣捌イタリスル工商ヲ抑ヘル樣ニシテハ。其本タル農モ自ラ抑ヘラルヽ道理ニナルデハゴザラヌカ。夫レジヤカラ政府デハ。箇樣ナ愚ナヿヲセヌ樣ニ。唯ニッカニッ共互ニ盛ニナル樣ニト心掛ケ。大抵ハ自然ノ勢ニ任セテ。惡ク世話ヲヤカズ。唯其障碍ヲ除クヿニ注意致サ子バナラヌデ

ゴザル。尤モ開化ノ淺イ國デハ。兎角農税カ重ス
ギテ。商税ハ殆ト無イ位ノヿ故。自然農ヲ嫌テ商
ニ轉スルモノモアルガ。是レハ甚タ宜シクナイヿ
ヂヤカラ。箇様ナヿハ成丈改革シテ。租税ノ平均
ニナル様ニセ子バナラヌデゴザル。乍去其改革
ト申スモ決シテ急ニ致シテハ。宜シクナイ。漸々
ト程ヨク改革シテ参ラ子バ。却テ庶民ニ陥ル様
ナヿガ出來ルデゴザル
又其外例ノ慕古先生ハ。動モスルト。穀ノ價平均ノ

ヿヲ唱ヘテ。所謂常平倉抔ノヿヲ主張シ或ハ又
利權ハ官ニ操ラ子バナラヌ抔。種々ノ議論ヲ唱
ヘルガ。是亦多クハ其名ノミ美ニシテ。其實ハ却
テ國家ノ害ヲ生シ易イデゴザル。尤モ往古質朴
ナ世ノ中ニハ。政府ノ費トイフモノモ瑣細ナヿ
故。常平倉ヲ設ケルヿモ。格別難クハナカリタデ
ゴザラウガ。當今ノ様ニ追々開ケテ参リテハ。政
府ノ費トイフモノモ。中々容易ナヿデハナク。英
佛等ノ如キ富强ノ國々デスラ。毎年尋常ノ物入

サヘモ償ヒ切レヌ程ノヿデゴザルカラ。況テ餘
ノ國々デ。右様ナヿヲシヤウト云フニハ。自然常
ニ民ヲ收歛セ子バ。迚モ出来ルヿデハナイ訣デ。
夫ニ付テハ。又隨テ種々ノ弊モ生シテ參ルヿ故。
多クハ却テ仁恤ノ本意ニ背ク様ナヿニモナルシ。
且ツハ當今ノ様ニ萬國ノ交易ト云フモノガ盛ニ
ナリテハ。縦令國内ニ如何様ナ大飢饉ガアラウ
トモ。外國ノ米粟ト云フモノモアルカラ夫程心
配スル訣ハナイヿデ。常平倉ガナクトモ困ルヿ

ハナイ。夫故箇様ナヿハ先ツ打棄テヽ。夫ナリハ成
丈國家ノ開化文明ヲ促スヿニ。多ク費ヲカケル
様ニサヘスレバ。隨テ國家ノ富ガ増スヿ故。穀價
ノ貴イ位ハ。夫程苦ニナラヌ様ニナルデゴザル。
併シ其上ニモ貧困ニ迫ル様ナモノハ。已ムヿヲ得
ズ。貧院ヂヤノ。病院ヂヤノヲ建テヽ。世話ヲ致シ
テヤラ子バナラヌヿヂヤガ。尓去此等ノモノモ
多クハ其名義ニシテ。其實ハ弊ガ多クアルヿヂ
ヤカラ。余程其制度ヲ宜シク致サ子バ。却テ民ヲ

懶惰ニ導ク様ニナルデゴザル。ソコデ又利權ヲ官ニ操ルト云フ了。是亦甚タシイ心得違デ。凡テ利權ト云フモノハ。民ノ能ク操ルベキモノデモナク。又官ノ能ク操ルベキモノデモナイ。所謂自然ノ勢ニアルデゴザル。交易問答ニモ荒増論ジテ置タ通リ。都テ米穀金銀ヲ始メ。凡百ノ物品共ニ。其價ノ因テ生ズル所以ト云フモノハ。申ス迄モナク。其物品ヲ求需スル人ト。其求需ニ應ズベキ物品ノ。多少ノ相違ニヨル訣ノモノデ。求需ス

ル人ガ多クテ。其求需ニ應ズベキ物品ハ少ケレバ。其價ハ自ラ高クナリ。又求需スル人少キニ。求需ニ應ズヘキ物品多ケレバ。其價ハ卑クナリ。又人ト物ト。其數大抵多寡同ジケレバ。其價モ自ラ中等ニ止マルハ。自然ノ道理故。即チ利權ハ民ノ能ク操ルベキモノデモナシ。又官ノ能ク操ルベキモノデモナイト申シタハ。此道理デゴザル。乍去茲ガ所謂憲法ト教化ノ大切ナ所以デ。憲法ガヨクナカリタリ。或ハ教化ガ行届カナイデ。風俗ガ

宜シクナイト。兎角姦民ガ人作ヲ以テ。此自然ノ低昂ヲ妨ケテ。獨リ利權ヲ竊ム様ナヿガ。隨分出來ルデゴザルカラ。第一憲法ヲヨク立テ。且ツ教化ニカヲ盡シタ上ニ。又コレニ背テ私利ヲ營ムタメニ。他人ノ權利ヲ屈害スルヿノナイ様ニ。始終心ヲ用フルガ。政府ノ要務デ。所謂保護ノ肝要ナル所デゴザルガ。此事サヘ行届テ居レバ。利權ノヿハ自然ノ勢ニ任セテ置テ。決シテ害ハナイデゴザル。然ル所ガ右様ナ愚論ヲ吐クハ。姦民

等ガ。利權ヲ竊テ。自然ノ低昂ヲ妨ゲル ノバ。憲法制度ノヨクナイ故ヂヤト云フヿニ。氣ガ附カヌ所カラ。務メテ利權ハ官ニ操ラ子バナラヌヿヂヤト思フノヂヤガ。是レガ以テノ外ノ心得違デゴザル。以前歐洲ニモノポリートト申シテ商買柄ニヨリ。專賣ノ權利ヲ許サレタモノガアリテ其商買ハ此權利ヲ有スル人デナケレバ。出来ヌヿデアリタガ。是レハ甚タ宜シクナイヿデ。即チ利權ヲ其者ノミニ與フル訣デゴザル。尤モ又パテントト

申シテ新規發明ノ奇器良巧或ハ其外ノモノニ。年限ヲ定メテ。其間ハ其者計ニ專賣ノ權利ヲ與ルヿガアルガ。是レハ即チ百工技藝ヲ勵マスヿデ。尋常ノモノポリーデハナイカラ。實ニ宜シイ制度デゴザル。本邦デモ従来諸商買ニ株式ト申スモノガアリテ。其株ヲ買ハ子バ。其商買ヲスルヿガ出来ヌ法デアリタガ。是レガ即チモノポリーデゴザリテ。甚ダ宜シクナイ。例ノ利權ヲ民ニ奪ハレルト云フヿモ。即チ是レカラ起ル訣デ。物價ノ低

昂ハ其仲間ノ申合セデ自由ニスルヿデ。自餘ノ輩ハ何ト思フテモ致シ方ハナイデゴザル。然ルニ官吏ハ箇様ナ株式ノ害ニナルト云フヿニハ。氣ガ附カズ。兎角利權ガ下ニ移リテハナラヌト氣ヲ採デ。米相場ヲ始メ。薪炭酒油ノ類ニ至ル迄。政府デ其定價ヲ定メテ。夫レデ利權ヲ官ニ取リタ積リデ居ルヿヂヤガ。甚ダ心得違デゴザル。何故ト申スニ。素ト株式ト云フモノガアリテ。唯其仲間同士相談シテ預價ヲ定メ。夫レヲ以テ政府ニ

願ヒ出テヿ故。元トガ株式仲間ノ定メタ價デ。實ニ
所謂自然ノ價デハナイ。ノコデ此人作ノ價ヲ元ト
ニ立テヽ。政府デ貴イノ。高スギルノト云フテ。色
々ト下ゲサセル工夫ヲスレド。元來ガ官吏ト云
フモノハ。如何程ノ才子デモ自ラ利ノヿニハ暗
イ故。ドウカ。カウカ。例ノ株式ノ者等ニ欺カレテ。
大抵ハ申立テノ通リニ。定價ヲキメル。又夫レデナケ
レバ。姦曲ナ奴デ何モ角モ承知シテ居リナガラ。
株式ノ者共カラ賄賂ヲ貪テ。夫レデ大凡ハ其申立テ

ノ通リニ。キメテヤルト申ス様ナヿニナルカラ。
何ノ益ニモ立タヌヿデゴザル。尤モ又實ニ清廉
ナ官吏デアルト。唯世間ノ難澁スル所計ニ着眼
シテ。元價杯ノヿニハ少モ頓着セズニ。迚モ引合
ハヌ價ニキメル様ナ弊モ儘アルヿデゴザルカ
ラ。何レノ道宜シイヿハ出來ヌデゴザル。茲ガ即チ
株式ノアルノト。且政府デ世話ヲヤキスギル弊
害デゴザルカラ。能ク此道理ヲ辨明イタサ子バ
ナラヌ所以デ。此株式ト云フモノヲ立テズシテ。

誰デモ其商買ヲシタイト云フモノハ。一通リ官
ノ免許サヘ受ケレバ。出來ルト云フ様デアレバ。
相談シテ姦曲ヲ働ク丅ノ出來ヌ所カラ。諸人ガ
各負ケジ劣ラジト。競合フ様ニナリテ。ソコデ直
段ガ自カラ下直ニナル。譬ヘバ茲ニ甲乙丙三人
ノ商人ガアリテ。甲ハ元價一兩ノ品ヲ一兩一分
ニ賣リテ。一分ヅヽノ利ヲ取リタガ。買主ガ僅カニ
百人ノミ故漸ク二十五兩ノ儲ヲ得タ。ソコデ乙
ハ又夫レヲ一兩三朱ヅヽニ賣リタラバ。買手ガ

二百人ヤ三百人ハアル。左様スレバ。一人ノ儲ハ
三朱ヂヤガ。二百人ニ積レバ三十七兩二分ノ儲。
三百人ニ積レバ五十六兩一分ノ儲ガアルカラ。
廉價ニ賣リテモ。數ヲ賣ル方ガ徳ヂヤト云フ様
ニ競フテ來ル。ソコデ。又丙ノ了簡デハ二朱ヅヽ
ノ利ヲ取リテモ引合フノニ。三朱ヅヽノ利デハ
高スギル。此方ガ一兩二朱ニ賣リタラバ。四百人
ヤ五百人ノ買手ハ此度アル。左様スレバ六十兩
ヤ七十兩ノ儲ハ。訣ハナイト云フ様ニナリテ。都

ヲ箇様ニ各負ケジ劣ラジト競ヒ合フテ糶ルカラ。自ラ廉價ニナラネバナラヌデゴザル。茲ガ即チ人ノ不羈ノ情ニ任セテ置テ。政府デハ彼是ト世話ヲヤカヌ方ガ宜シイ所以デ。箇様デアレバ利權ト云フモノハ。縦令ヒ民ガ如何程操ラフト致シタトテ。決シテ操リ得ベキモノデハナイ。復古以來右等ノ所追々御改革ガアル様子デ。誠ニ結構ナヿデゴザル。都テ右様ナ訣デ兎角腐儒俗吏ト云フモノハ。箇様ナ道理抔ハ夢ニモ知ラズ。天下ノ

事ハ大小トナク。何デモ角デモ政府デ世話ヲヤカ子バ。政府トハ云ハレヌ様ニ思テ。右様ノ諸件ヲ悉ク仁政ト考ヘ。偶ヽ要路ニ任用サレルト。ヤレ仁政ヂヤノ國益ヂヤノト。漫ニ四方八方ニ手ヲ出シタガルガ。大形ハ例ノ不羈ノ情ト。權利ヲ束縛羈縻スルヿヂヤカラ。遂ニハ國家ノ開化ヲ妨碍スルヿニナリテ。到底虐民ニ陥ルデゴザル歐洲デモ往古ハ勿論。種々右様ナヿデ治安ヲ誤リタヿ枚擧スルニ暇モアラズ。政學者ノ論トイ

へ圧同様ノ〡デ。既ニ前ニモ申シタル。烏兒冨杯云ヘル大學者サヘモ。種々右様ノ論ヲ唱ヘタ〡モアリ。又近世ニナリテモ。随分右様ナ愚政ヲ施シタ例ガ如何程モアルガ。茲ニ二三例ヲ擧テ申セバ。今ヨリ大凡百年程前ニ。英國ヤ荷蘭デ毛布ヤ木綿等ヲ絡メ。其外種々ノ物品ヲ他國ヨリ輸入スルヲ禁ジテ。國内デ製造シタ品デナケレバ。用ユル〡ヲ許サヌト云フ令ヲ出シテ。若シ此令ニ背イタモノハ嚴刑ニ處スベシ杯云フ。法度迄

モ立テタ〡デゴザルガ。是ハ元来國内デ製造スル諸物品ノ拂方ヲ多クシテ。國内ノ工人ニ利ヲ得サセ。且ツハ物品ノ製造ヲ勵マサフト云フ仁心ヨリ出タ〡デハコザレ圧。其甚ダ間違タ訣ト云フハ。ソノタメニ仁恵ヲ受ル者ハ唯工人ノミデ。右等ノ物品ヲ求メル者ニ於テハ。外國ヨリ輸入シタ物品ナレバ。廉ニシテ且ツ其品モ精巧ナルニ。此精巧ナル品ヲ求メル〡ハ出来ズ。不廉ノ上ニ劣性トハ知リツヽモ。嚴令ナレバ餘儀ナク。國内

ノ物品ヲ求メ子バナラヌト云フ様ナヿニナリテ。却テ民ノ苦ミヲ生シタデゴザル。唯今モ利權ノ論ニ付テ物價ト申スモノハ。商賈ガ各負ケジ劣ラジト競ヒ合フ所ヨリ。自然低下スルモノヂヤト申シタガ。工業ノヿモ是レト同様デ。工人ガ各負ケジ劣ラジト競ヒ合フ所ヨリ。自然ト物品ノ製造ガ精巧ニナリ。且ツ價モ自ラ廉ニナリテ參ル道理ヂヤカラ。精巧ニシテ且ツ廉ナル外國品ヲ輸入スレバ。當ニ國内ノ買主ノタメニ宜シイノミナ

ラズ。亦大ニ國内ノ工人ノ勵ミニモナリテ。何デモ外國ノ品ヨリハ精巧ニ製造シテ。且廉價ニ賣ラ子バ利ヲ得ルヿハ出来ヌト云フ様ニ。一生懸命ト勵ンテ參ルカラ。追々ト國内ニモヨイ物品ガ出來ル様ニナル。然ルニ國内ノ工人ガ利ヲ得ル様ニ。且國内ニ物品ノ製造ガ多クナル様ニト。存ジテ輸入ヲ禁ズルノハ。却テ國内ノ製造ヲ衰ヘサセルニ當ルデゴザル。其外又外國輸入品ノ價ヲ國内ノ物品ヨリ貴クナラシメテ。其賣レ方

ヲ惡クシヤウトテ。輸入品ノ運上ヲ高クシタヿモアルガ。是亦國内ノ物品ヲ能ク賣レル様ニシテ。工人ニ損ヲサセヌ志デゴザリテ。至極仁政ノ様デハゴザレド。天下ノ為ニハ勿論矢張工人ノタメニモナラヌヿデ。遂ニ其志ハ達セラレヌデゴザル

其外又右様ナ主意デハナクテ輸入ヲ禁ズル論モアル。ソレハ又何故ヂヤト申スニ。一體外國ノ物品ヲ輸入スルニハ。必國内ノ金銀貨幣ヲ外國ニ輸出スルヿニナルカラ。追々ト金銀ガ減少シテ遂ニハ國家ノ貧困ヲ招クヿニナリテ。甚ダヨロシクナイト云フ論カラ起リタヿデ。既ニ經濟家ノ語ニモ。國ノ富ヲ欲スレバ買フヿヲ止メテ。賣ルヿヲ專ラニ致サ子バナラヌト申スヿカアル位ノヿヂヤガ。是亦大間違ヒナ理窟デ。金銀抔云フモノハ元來飢渇ヲ救フモノデモナシ。暑寒ノ凌ギニナルモノデモナイヿ故。今日交際ノ上ニ於テ。實ハ衣食ノ如ク一日モナクテハ。ナラヌ

ト申ス程ノモノデハナイ。唯今日ノ賣買交易ヲ
便利ニナス所カラ。必ズ缺クベカラザルモノニ
ナリタノデゴザル。夫レヂヤカラ貧富トイフモノ
ハ。決シテ金銀ノ多少ニアル訣ノモノデハナイ。
唯其求需スル物品ノ足不足ニアル訣ノモノデ
ゴザル。然ルニ常ニ金銀ノ多少ヲ以テ貧富ヲ論
ズルト云フハ。金銀ヲ多ク持テ居レハ多クノ物
品ヲ買フヿガ出来。又金銀ヲ少シ持テ居レバ。少
シノ物品ナラデハ買フヿガ出来ヌカラノヿデ。

其實ニ目指ス所ハ。金銀ニハアラズシテ物品ニ
アルノデゴザル。左様シテ見レハ。縦令金銀ヲ如
何程外國ニ輸出シタレバトテ。唯棄テ仕舞フ訣
デハナシ。其代リニハ諸物品ヲ國内ニ輸入スル
ヿヂヤカラ。即國家ノ冨ガ増ス道理デ決シテ患
フル訣ハナイデハゴザラヌカ。夫レニ又國内デモ
諸物品ノ製造ヲ勵テ追々ト増シテ来レバ。矢張
是レガ外國ニモ出ルカラ。外國ノ金銀ガ望次第
ニ。國内ニモ這入テ来ル訣ノモノデ。決シテ心配

スベキ筋ハナイデゴザル。然ルニ例ノ經濟家ノ語ノ如ク。買フヿヲ止メテ賣ルヿノミヲ勉メテ。金銀計リ國内ニ殖シタトテ。何ノ為メニナルデゴザラウ。飢饉ノ時金銀ヲ食テ腹ガ滿ヘセウカ。極寒ノ時分金銀ヲ體ニ纏テ居タラハ暖カデゴザラウカ。又外冦襲來スル時ニ方リテ金銀ノ臺場ヲ築イタラバ。防禦ガ出來ルデゴザラウカ。國家ノ富ト云フモノハ金銀ニアラズシテ物品ニアルト云フヿハ。實ニ明瞭ナ訣デハゴザラヌカ

又輸出ヲ禁ジタ例モ多クアル。夫レハ又何故チヤト申スニ。國内ノ物品ガ追々外國ニ出テハ物價ガ益貴クナリテ。國家ノ困窮ニ至ルヲ憂フルカラノヿデ。是亦仁心カラ出タニハ相違ナケレ圧。實ハ甚ダシイ了簡違デゴザル。元來諸物品共ニ其捌方ガ多クナレバナルホド。其製造モ随テ増加スル道理デ。即チ國家ノ冨ヲ増ス訣ヂヤカラ。外國交易ノ始マリタ為メデ。一時物價ノ沸騰スル時分ニハ。諸民ノ難澁スルハ當然ノヿナレ圧。

コレガ為ニ追々物品ノ製造ガ殖テ國家ノ富カ増スカラ。決シテ患フル道理ニナイデゴザル。既ニ交易問答ニモ荒増論シタ通リ。物價ノ低昂共ニ善悪ノ二タ通リガアリテ。外國交易抔ノ為メニ一時物價ノ騰貴スルハ。唯今モ申ス如ク。國家後年ノタメニ甚ダ賀スベキヿ。又國内ニ騒乱ガアルカ。或ハ疾疫等ノ流行ニヨリテ。物品ノ製造ガ滞リテ其品ガ乏シクナルト。之レガタメニ遂ニ大騰貴ヲ生ズル様ナヿガアリ。又貨幣ノ性ガ追々ト

劣リテ參ルト。之レガ為メニ又騰貴ヲ生ズル様ナヿガアルガ。是レ等ハ甚ダ以テ宜シクナイヿデ。之レガ為メニ諸民ノ難澁ト云フモノハ一通リノヿデハナイ。實ニ國家ノタメニ悲シムベキ訣デゴザル。ソコデ又低下スルニモ。善悪ノ二タ通リガアリテ。唯今モ申シタ通リ外國交易杯ノ為メニ。物品ノ捗方ガ追々ト増加スルニ随テ。一時ハ其騰貴ヲ生ズレドモ。之レガ為メニ其製造ガ増加シテ。追々ト居リ合ヒガツクニ従テ。又自然ト低下スルノハ

當然ノヿデ。箇様ナ低下ハ甚ダ賀スベキヿデゴザレ氏。又自國或ハ外國ノ騒亂。又ハ疾疫等ノタメニ物品ノ捗方ガ悪クナリテ。既ニ仕入レタ物品ノ價ガ。之レガタメニ突然低下スル様ナヿモアルガ。箇様ナ低下ハ實ニ悲シムベキヿデゴザル。偖其様ニ都テ低昂共ニ善悪ノ二通ガアルヿヂヤカラ。唯低昂ノミニ着眼シテ。彼是ト申スノハ甚ダ間違タヿデゴザル。夫レヂヤカラ外國ニ物品ヲ輸出スルタメニ。一時物價ノ騰貴スルハ。後々

ノタメニハ。却テ喜バ子バナラヌヿデ。輸出ヲ禁ズル抔ノヿハ。實ニ以テノ外ノ愚政デゴザル猶此外ニモ色々ト。政府デ世話ヲヤキスギテ。大ニ誤リタ例ガ如何程モアルヿデ。都テ開化文明ノ淺イ國デハ皆一様デゴザルガ。歐洲各國ハ近今ニ至リテハ。大ニ開化ガ進テ參リタヿ故。箇様ナ愚政ハ追々ト止ミ。當時デハ成丈ケ例ノ不羈ノ情ニ任セルヲ本意トシテ。務メテ政府デ世話ヲヤカヌヿヲ貴ブデゴザル。併シ右様ノ間違タ筋

ノ外ニ必ズ政府デ世話ヲヤイテ。臣民ヲ勸導セ子バナラヌ筋ノ事モ多クゴザルガ。乍去縦令此正シイ筋ノ勸導トイヘドモ。矢張憲法ノ條ニ論ジタ通リ。先ヅ第一ニ其國ノ開化ノ淺深ト及ビ其人情風俗トニヨク注意シテ。然後ニ従事セ子バナラヌヿデ。開化ノ進マヌ國ホド政府デ多ク世話ヲセ子バ。遂ニ安民ト云フ場合ニハ至ラヌヿヂヤガ。ソコデ此勸導ノタメニ追々ト開化ノ進ムニ従テハ。又追々ト其世話ヲ減ジテ民ニ任セ

ル様ニ致サ子バ。縦令其心ハ如何程安民ニ切デアリテモ。遂ニハ壓民ニ陷ルデゴザル。當時英國或ハ聯邦杯デハ教化ノ第一タル庠序學校スラ。政府ノ世話ヨリハ民ガ私ニ學校ヲ設ケテ世話ヲスル方ガ却テ多イ位ノヿデ。其外何事ニヨラズ。大抵ハ臣民ニ任セテ出來ル様ニナリタデゴザル。福澤氏ガ西洋事情外編ニ。龍動府（英國京都ノ）ノ政治ヲ反顧スルニ。其政治ノ趣旨ハ府内物品ノ需要ヲ助ケ勸ムルニモアラズ。亦其供給ヲ制ス

ルニモアラズ。徃クヲ止メズ来ルヲ防カス。唯人間自然ノ勢ニ任スルノミ云々。ト記シタガ。實ニ此通リノヿデゴザル。乍去唯今モ申ス通リノ訣デ。第一時處ノ二ツニ注意セ子バナラヌヿヂヤカラ。開化ノ淺イ國デ歐洲各國ノ真似抔ヲシテハナラヌヿデ。先ヅ教化ノ道ヲ専一ニシテ倫理ヲ明カニシ。風俗ヲ正シウスル等ノヿハ勿論。其外都テ百工技藝利用厚生ノ術。何クレトナク關ケル様ニ晝カスルノガ肝心デ。是等ノヿヲ唯民ニ任

セテ置テハ民ガ愚ナモノヂヤカラ。何時迄立テモ太古ノ風俗ヲ去ルヿハ出来ズ。遂ニ開化文明ノ域ニ至ルト申スヿニハ參ラヌデゴザル。歐洲各國ノ當時ノ如ク。開化文明ノ邦ニナリタト申スモ。實ニ教導ノ行屆ク所カラ。遂ニ輓近蒸氣ヤ電氣等ノ學術ガ關ケテ。奇器良巧ノ發明ガ殆ド枚擧ノ出来ヌ程ノヿデ。之レガ為メニ百工技藝カ日々盛大ニ赴キ。遂ニ殆ド利用厚生ノ術ヲ盡シタ場合ニ至リタカラノヿデ。實ニ世界ガ一新致シタ

程ノヿデゴザルカラ。他ノ開化ノ淺イ國デハ兎
是等ノ所ニ能ク着眼シテ。此ヲ手本トシテ偏ニ
政府デ心ヲ用ヒテ。臣民ヲ勸導セ子バナラヌデ
ゴザル。仮レ左右申ス如ク。呉々モ此勸導ニヨリテ
開化ノ進ムニ随テ、ハ。政府デ世話ヲヤキスギル
ト云フ弊ノナイ樣ニ。成丈ケハ民ニ任セル樣ニス
ルヿヲ怠レテハ決シテナラヌヿデス。夫レデナケレ
バ真政トハ申シ難イデゴザル。併シ又一段惡イ
ヿト云フハ君主擅制ヤ專治ノ國デハ。動モスル

ト安民ノ心ハ露程モ抱カズ。唯政府ノ私利ヲ營
ムタメニ或ハ國益ヲ開クト[illegible]。又ハ國家ノ利ヲ
興ストカ名ヲ付ケテ。兎角商賈ノ業抔ヲ官ニ取
リテ民ノ利ヲ奪フ樣ナヿヲ致スガ。是レハ實以テ
惡ムヘキノ極デ。今更申スモ愚カナヿデゴザル

真政大意巻下大尾

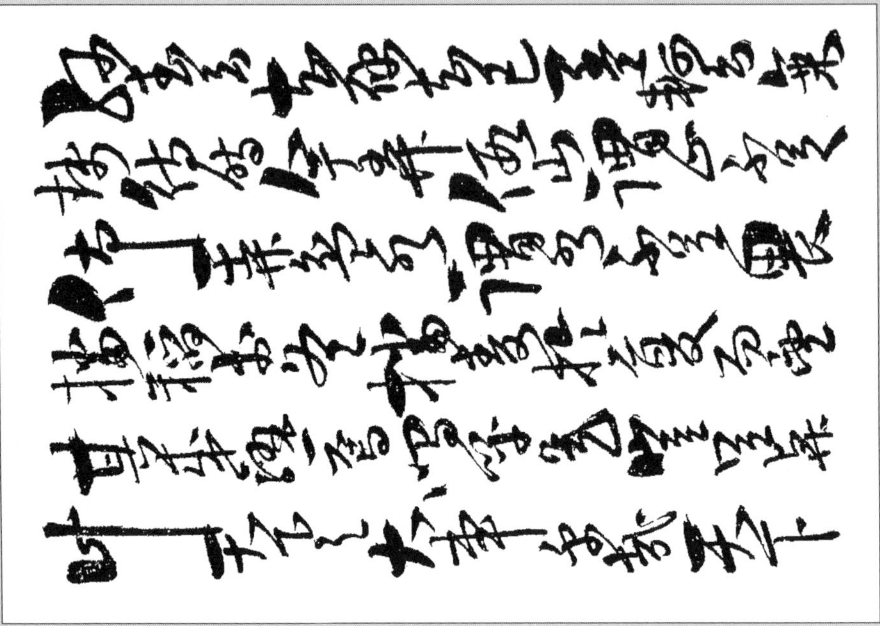

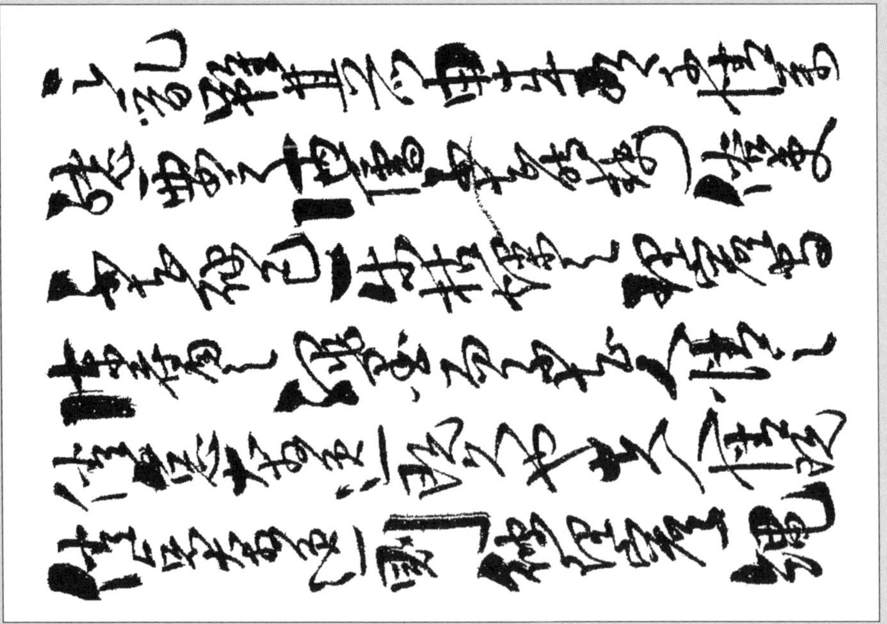

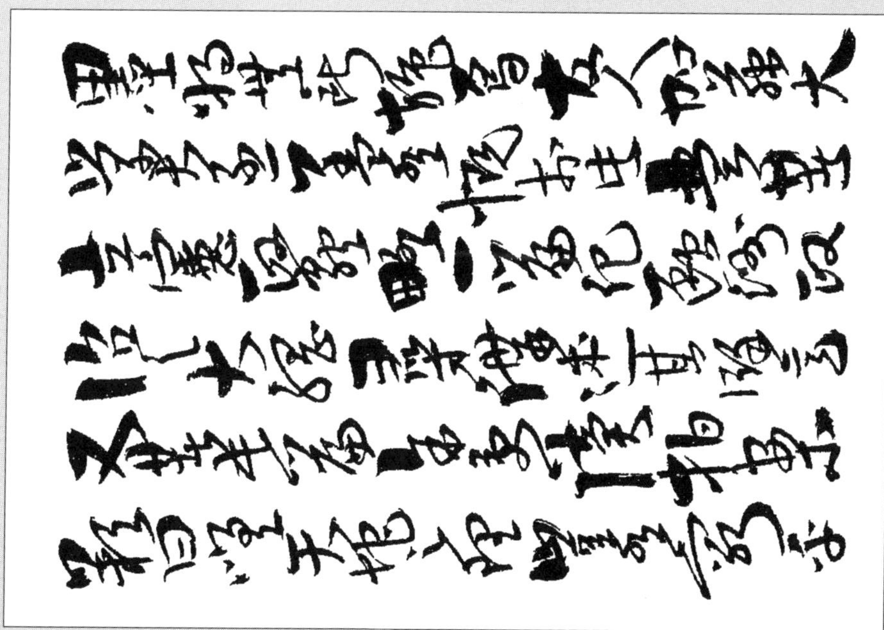

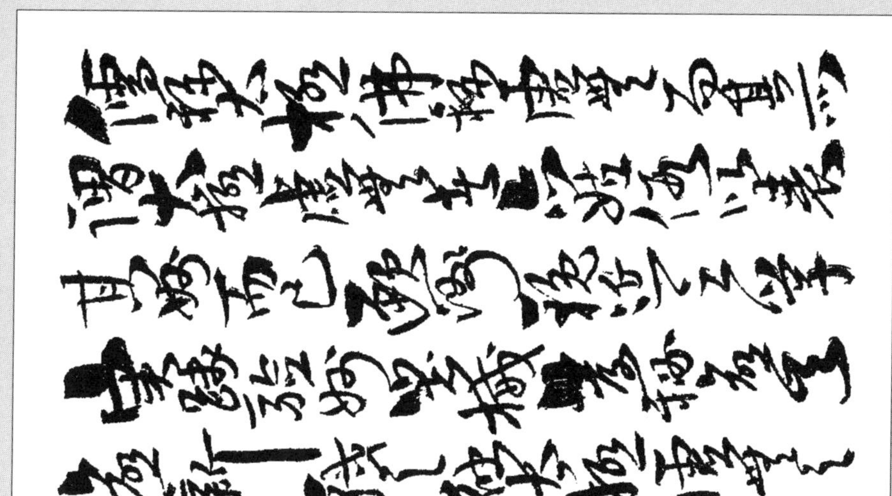

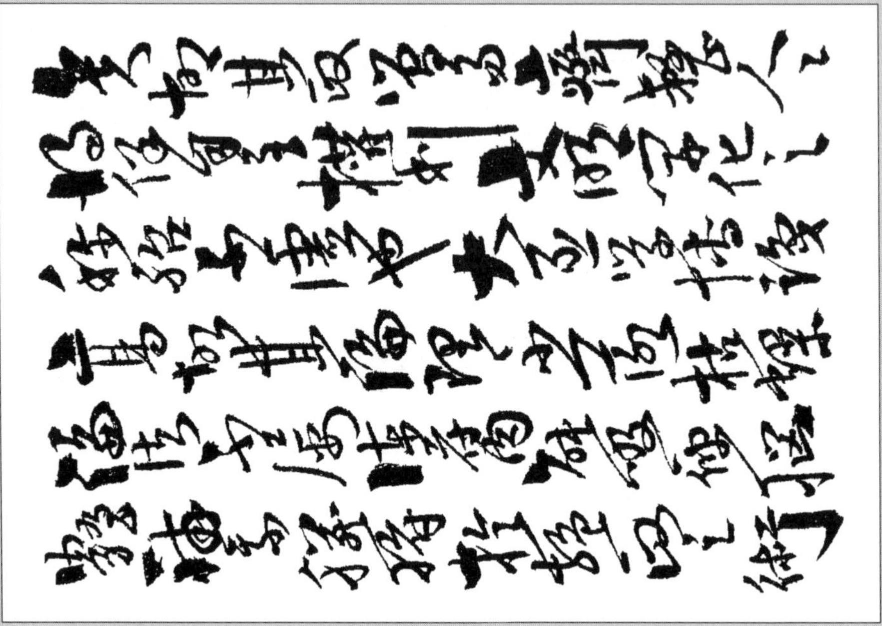

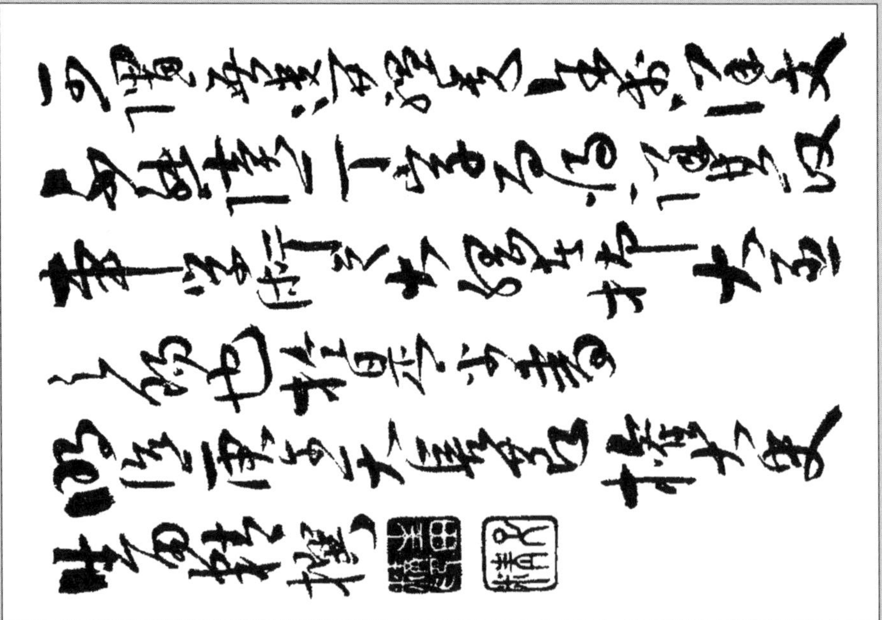

日本橋通二丁目
山城屋佐兵衛

가토 히로유키 연보

연 도	연 령	사 적	참고사항
1836년 (天保 7)	출생	6월 23일, 다지마노쿠니(但馬国) 이즈시조카(出石城下) 다니야마초(谷山町)에서 센고쿠(仙石)번사 가토 마사테루(加藤正照)의 장남으로 태어남.	텐포의 대기근, 전년도 센고쿠소동, 이듬해 오시오 헤이하치로(大塩平八郎)의 난이 일어남. 1840-1842년 아편전쟁.
1843년 (天保 14)	8세	이 무렵부터 문무의 수업을 시작.	
1845년 (弘化 2)	10세	번교 홍도관에 입학.	
1849년 (嘉永 2)	14세	어머니가 33세의 나이에 사망.	
1852년 (嘉永 5)	17세	아버지를 따라 에도로 나와 갑주류 병학을 배움. 사쿠마 쇼잔(佐久間相山)의 문하에 들어감.	
1853년 (嘉永 6)	18세	고향으로 돌아옴.	페리 내항.
1854년 (安政元)	19세	다시 에도로 나와서 난학자 쓰보이 이슌(坪井爲春)의 문하에 들어감.	미일화친조약(神奈川條約) 체결.
1855년 (安政 2)	20세	아버지가 46세의 나이에 사망. 귀향하여 가독을 상속함.	
1856년 (安政 3)	21세	또다시 에도로 나와 난학을 공부함.	번서조소(蕃書調所)가 구단자카(九段坂)에 설치됨. 1856-1860년 제2차 아편전쟁. 1858년, 안세이의 대옥(安政の大獄)이 일어남.

연 도	연 령	사 적	참고사항
1860년 (万延元)	25세	번서조소의 교수조교(教授手伝)가 됨. 이 해에 독일어를 공부하기 시작.『도나리구사(隣草)』를 저술함.	3월, 사쿠라다문 사건(桜田門外の変)으로 다이로(大老) 이이 나오스케(井伊直弼)가 사망.
1862년 (文久 2)	27세	2월 8일, 이치카와 스즈코(市川鈴子)와 결혼.	번서조소를 양서조소(洋書調所)로 개편하였다가, 다시 개성소(開成所)로 개편.
1864년 (元治元)	29세	막부의 직신에 발탁되어 개성소교수직대우(教授職並)에 임명.	제1차 초슈(長州) 정벌.
1865년 (慶應元)	30세	『서양각국성쇠강약일람표(西洋各國盛衰强弱一覽表)』,『교역문답(交易問答)』을 저술함.	제2차 초슈(長州) 정벌.
1868년 (明治元)	33세	개성소 교수직대우에서 메쓰케(目付)에 임명되었다가, 이어서 오메쓰케(大目付), 고칸조가시라(御勘定頭)에 연이어 임명. 히로유키(弘之)로 개명. 『立憲政體略』을 저술.	메이지 천황의 어서문(御誓文)이 발포됨. 메이지 천황, 동경행행(行幸).
1869년 (明治 2)	34세	회계권판사(會計權判事), 학교권판사(學校權判事)를 거쳐 대학대승(大學大丞)에까지 연이어 임명. 천부인권사상에 입각해서『진정대의(眞政大意)』를 저술함.	판적봉환. 개성소를 대학남교(大學南校)로 개편.
1871년 (明治 4)	36세	문부대승(文部大丞)을 거쳐 외무대승(外務大丞)에 임명됨.	

연 도	연 령	사 적	참고사항
1872년 (明治 5)	37세	5월, 기나이(畿內)・산요(山陽)・세이카이도(西海道) 순행에 공봉. 천황의 시독(侍讀)이 되고, 그 교재로 사용하던 『국법범론(國法汎論)』을 공간하기 시작함.	태양력 채용. 학제반포. 징병령공포. 정한론 대두.
1874년 (明治 7)	39세	좌원의 1등의관에 임명. 민선의원설립시기상조론을 주장하는 의견서를 『닛신신지시(日新眞事誌)』에 실음. 『국체신론(國體新論)』을 저술함.	
1875년 (明治 8)	40세	원로원 의관(議官)에 임명됨. 『서양각국정체기립사(西洋各國政體起立史)』를 간행.	원로원(元老院) 설치. 신문지조례(新聞紙條例)・참방률(讒謗律) 공포.
1877년 (明治 10)	42세	개성학교 종리(綜理)에 촉탁됨. 동경대학 법・문・이학부종리에 촉탁됨.	4월, 개성학교를 동경대학으로 개편함. 세이난(西南)전쟁 발발. 지조경감의 조칙 발포.
1879년 (明治 12)	44세	동경학사원(후일 제국학사원) 회원이 됨.	
1881년 (明治 14)	46세	동경대학 종리에 임명됨.	메이지14년의 정변. 국회개설・헌법제정의 칙유가 나옴. 자유당 결성.
1882년 (明治 15)	47세	동경대학에 고전강습과를 새로 설치함. 『인권신설(人權新說)』을 저술함.	임오군란

연 도	연 령	사 적	참고사항
1887년 (明治 20)	52세	「인종개량의 변(人種改良の弁)」 발표. 「동양의 일대문제(東洋の一大問題)」를 발표하여 도야마 마사카즈(外山正一)와 논쟁을 벌임. 문학박사학위를 수여받음.	고토 쇼지로(後藤象二郎)를 중심으로 하는 대동단결운동(大同團結運動)이 일어남. 보안조례(保安條例)가 공포됨.
1889년 (明治 22)	54세	잡지 『천칙(天則)』을 발행하여, 이후 수년간 계속됨.	일본제국헌법 발포.
1890년 (明治 23)	55세	제국대학총장에 임명됨. 귀족원 의원으로 칙선.	쌀소동. 원로원 폐지. 교육칙어 발포.
1891년 (明治 24)	56세	『가토 히로유키 강론집(加藤弘之講論集)』 출판.	
1893년 (明治 26)	58세	제국대학총장 사임. 대학의 고용외국인교사들 일동으로부터 송덕표(頌德表)를 증정받음. 독일어와 일본어로 『강자의 권리의 경쟁(強者の権利の競争)』발표.	
1894년 (明治 27)	59세	『도덕법률의 진보(道德法律の進步)』를 발표.	청일전쟁 개시
1895년 (明治 28)	60세	궁중고문관(宮中顧問官)에 임명됨.	청일전쟁 종결. 독일, 러시아, 프랑스에 의한 삼국간섭.
1899년 (明治 32)	64세	『천칙백화(天則百話)』를 발표함. 「우내일국성부의 일대문제(宇內一國成否の一大問題)」를 논함. 「이기적 공리도덕(利己的功利道德)」을 논함.	

연 도	연 령	사 적	참고사항
1900년 (明治 33)	65세	남작 작위를 수여받음. 『도덕법률진화의 이치(道德法律進化の理)』를 저술함. 『가토 히로유키 강연전집(加藤弘之講演全集)』을 발간.	치안경찰법 공포.
1902년 (明治 35)	67세	이노우에 데쓰지로(井上哲次郎)의 『윤리와 종교(倫理と宗教)』를 비평하여 이노우에와 논쟁.	영일동맹협약 조인.
1903년 (明治 36)	68세	『도덕법률진화의 이치(道德法律進化の理)』 증보개정 3판을 발간.	
1904년 (明治 37)	69세	「소위황인화(所謂黃人禍)」를 논함. 『진화학으로부터 관찰한 일러의 운명(進化学より観察したる日露の運命)』을 저술.	러일전쟁 개시.
1905년 (明治 38)	70세	법학박사학위를 수여받음. 제국학사원 원장에 취임. 「우리 입헌적 족부통치의 정체(わが立憲的族父統治の正体)」를 발표.	러일전쟁 종결. 을사조약.
1906년 (明治 39)	71세	추밀고문관(樞密顧問官」)에 임명됨. 『자연계의 모순과 진화(自然界の矛盾と進化)』를 저술함.	일본사회당 결성. 한국통감부 설치.
1907년 (明治 40)	72세	독일황제 빌헬름2세로부터 왕관제1등훈장을 수여받음. 『吾国体と基督教』를 저술함.	사회당결사금지명령.
1908년 (明治 41)	73세	『망상적 우주관(迷想的宇宙觀)』을 저술함.	

연 도	연 령	사 적	참고사항
1910년 (明治 43)	75세	「아카호의사들에 관해서(赤穂義士に就いて)」, 「자연지위성, 성성지위도(自然之謂性成性之謂道)」, 「도덕상의 삼도태(道徳上の三淘汰)」, 「진화학으로부터 본 철학(進化学よりみたる哲学)」등 고령에도 여전히 활발한 저술활동을 전개함.	대역사건. 한일병합조약 조인.
1911년 (明治 44)	76세	『기독교의 해독(基督教の害毒)』을 출판. 『학설걸개대(學說乞丐袋)』를 저술함.	
1912년 (大正元)	77세	『자연과 윤리(自然と倫理)』를 저술함.	메이지 천황 사망.
1913년 (大正 2)	78세	『국가의 통치권(国家の統治権)』을 저술함.	
1914년 (大正 3)	79세	『신상식론(新常識論)』을 저술함.	일본, 대독일 선전포고.
1915년 (大正 4)	80세	『책임론(責任論)』을 저술함. 80세의 축하회를 개최하고 자서전 『히로유키 자전(弘之自傳)』을 발간.	
1916년 (大正 5)	81세	2월 9일, 동경에서 사망.	

[찾아보기]

저자 소개

가토 히로유키 加藤弘之(1836-1916)

1836년 출생. 양학자, 계몽사상가, 교육관료, 초대 도쿄대학(東京大學) 총장을 역임하면서 근대적 학제형성 및 확립에 큰 영향을 끼쳤다. 일본에서 입헌정체와 의회론을 최초로 다룬 저서인 『도나리구사(鄰草)』를 썼고, 이후로도 정치학, 국가학 관련 저술을 다수 남겼다. 특히 진화론의 초기 수용자로, 진화론에 입각한 세계관, 국가관이 일본에서 유행하는 데 산파역할을 했으며, 자신의 정치론과 국가론도 모두 진화론에 입각해 전개하게 되면서 후기에는 대표적인 보수주의자, 국가주의자로 알려지게 되었다. 1916년 81세의 나이로 사망할 때까지 왕성한 학문 활동을 펼쳐 다수의 저작, 강연집 등을 남겼다.

역자 소개

김도형金度亨

성균관대학교 동아시아학술원에서 석·박사 졸업.
일본근대사, 사상사를 연구 중이며, 특히 '동아시아의 근대'를 보는 창으로서 메이지 초기 일본의 양학자洋學者들에 많은 관심을 갖고 있다.
현재는 성균관대학교 동아시아학술원에서 HK연구교수로 재직 중이다.

立憲政體略·眞政大意